国语选译

修订版

译注 高振铎 刘乾先
审阅 黄 葵

古代文史名著选译丛书

主编 章培恒 安平秋 马樟根

凤凰出版传媒集团 凤凰出版社

图书在版编目（CIP）数据

国语选译 / 高振铎，刘乾先译注. -- 南京：凤凰出版社，2011.5
（古代文史名著选译丛书）
ISBN 978-7-5506-0330-1

Ⅰ. ①国… Ⅱ. ①高… ②刘… Ⅲ. ①中国历史—春秋战国时代 Ⅳ. ①K225.04

中国版本图书馆CIP数据核字（2011）第045891号

书　　名	国语选译
译 注 者	高振铎　刘乾先
责任编辑	汪允普
出版发行	凤凰出版传媒集团
	凤凰出版社（原江苏古籍出版社）
	南京市中央路165号　邮编 210009
	发行部电话 025-83223462
集团网址	凤凰出版传媒网　http://www.ppm.cn
照　　排	江苏凤凰制版有限公司
印　　刷	江苏凤凰扬州鑫华印刷有限公司
	扬州市江阳工业园蜀岗西路9号　邮编 225008
开　　本	960×1304毫米　1/32
印　　张	10.625
字　　数	172千字
版　　次	2011年5月第1版　2011年5月第1次印刷
标准书号	ISBN 978-7-5506-0330-1
定　　价	22.00元

（本书凡印装错误可向承印厂调换，电话：0514-85868858）

《古代文史名著选译丛书》编委会

顾 问
周 林　　邓广铭　　白寿彝

主 编
章培恒　　安平秋　　马樟根

编 委
（均按姓氏笔划多少排列）

马樟根　平慧善　安平秋　刘烈茂　许嘉璐

李国祥　金开诚　周勋初　宗福邦　段文桂

董治安　倪其心　黄永年　章培恒　曾枣庄

（以上为常务编委）

王达津　吕绍纲　刘仁清　刘乾先　李运益

杨金鼎　曹亦冰　常绍温　裴汝诚

（以上为编委）

《古代文史名著选译丛书》修订版
出版说明

呈献在读者面前的这套《古代文史名著选译丛书》是2011年的修订版。全书共134册，包括了中国从先秦至清末两三千年间的著名典籍。每部典籍都选其精粹(《论语》《老子》则全文收录)，收录原文，加以简明的注释，力求准确地译为现代汉语，并于每一篇之前写有对该文的提示性说明。这是近一个世纪以来，规模最大、收录种类相对齐全、译注质量较高的一套普及传统文化的今译丛书。

这套丛书，原在1992年—1994年由巴蜀书社分三批出齐，印行过万套；不久，又由台湾的出版机构买去海外版权在台湾及海外发行，可见这套丛书当年在两岸受欢迎的程度。时隔17年，丛书编委会决定重新修订，改由江苏凤凰出版集团所属的凤凰出版社出版。

  这套丛书是由教育部属下的全国高等院校古籍整理研究工作委员会（简称古委会）于1985年策划的。古委会组织了全国18所大学的古籍整理研究所的所长任编委会编委，由我们三人任主编，在全国范围内选请学有专长的学者承担各书的译注。从1986年—1992年，历时7年完成。当时，编委会制订了严明、可行的体例和细则，译注者按要求完成书稿。每部书稿完成后，都在全国范围内请编委会之外的专门研究这一学术领域的两位专家初审，合格后再请两位编委参照初审意见审改，然后退还原译注者改正。待原译注者改正后，再由编委会集中常务编委和部分编委、相关专家在一地将每部书稿从头至尾审改。这样的集中审稿会一般都在8—15天，7年中开了12次审改会。审改后，三位主编再集中在一起逐一审定，交付出版社。这一工作程序，使得这套丛书的译注质量有了一定的提高。所以，这套丛书，在一定程度上是个人与多人合作的结果。关于这套丛书的编纂始末，我们曾在1992年4月全书交稿后写有一篇文章，这次附在修订版书末，便于读者了解。

这次修订，是交由原译注者自己修改。少数译注者已去世，则书稿一仍其旧。个别译注者已联系不上，也保持原貌。

1992年—1994年出版时，书前有当时古委会主任周林先生写的序。周林先生是这一丛书的发起者。他已于1997年6月去世，至今已14年了。为了尊重历史，也为了纪念他，修订版仍用他的序。

我们三人在1985年—1992年主持这套丛书工作时，年龄大的是从51岁到58岁之间，年龄小的是从44岁到51岁之间，那时尚有精力组织、参与这一工作，今天我们都已年逾古稀。全书修订版出版之际，心情似乎比当年更惴惴不安地期待着读者的评头品足，期待着不要对读者贻误太多。

回想这套丛书，真应该感谢我们的祖先为我们留下了这样深厚、丰富的思想、文化遗产，使我们今天仍然受用无穷。应该感谢这套丛书的全体译注者、审阅者、编委和当年的出版者巴蜀书社、今天的出版者凤凰出版社，是他们的学识、辛勤与真诚使得这套丛书得以面世。

章培恒　马樟根　安平秋
2011年3月15日

序

《古代文史名著选译丛书》与广大读者见面了。这是丛书编委会的同志与众多专家学者通力协作、辛勤耕耘的结果。

中华民族在五千年漫长的岁月里,创造了光辉灿烂的文化,给人类留下了丰富的精神财富。"观今宜鉴古,无古不成今"。今天,以马克思主义的科学理论为指导,整理研究我国古代文化典籍,做到汲取精华,剔除糟粕,古为今用,推陈出新,使人们在正确认识民族历史的同时,得到爱国主义的教育,陶冶道德情操,提高全民族的文化素质,促进社会主义文化的繁荣,使文明古国的历史遗产得以发扬光大,这是我们每个炎黄子孙的责任。而要做到这样,对古籍进行整理与研究是重要的基础工程。但是,整理与研究古籍仅作标点、校勘、注释、辑佚还不够,还要有今译,使老年人、中年人、青年人都愿意去读,都能读懂,以便从中得到教益。

基于以上认识,全国高等院校古籍整理研究工作委员会于1986年5月组成了以章培恒、安平秋、马樟根三位同志为主编的《古代文史名著选译丛书》编委会,确定了以全国十八所大学的古籍整理研究所为主力承担这一看似轻易、实则艰巨的今译任务。在第一次编委会议上,拟定了《凡例》、《编写与审稿要求》、《文稿书写格式》和一百余种书目。以每一种书为十万至十五万字计算,这套丛书大约有一千余万字,应该说是一项大工程。经过一年的努力,完成了第一批三十六部书稿的译注任务。在各研究所的专家与所长把关的基础上,于1987年5月和7月,先后在复旦大学、北京大学召开了部分编委参加的审稿会,通过了二十五部书稿,作为《古代文史名著选译丛书》与广大读者见面的第一批作品。与此同时,在1987年7月6日,邀请了在京的十几位专家教授与编委会十几位编委一起座谈这套丛书与古籍今译的问题。专家们肯定了今译工作的必要性与深远意义,并以他们数十年的教学科研和创作的经验,说明今译是一项难度很大的工作,是培养人才,使之打下坚实基本功的一种有效方法;专家们还对《古代文史名著选译丛书》提出了宝贵的建议,这对当时的审稿工作和保证《丛书》的质量起了很好的作用。

实践证明,古籍的今注不易,今译更难。没有对作品的深入、透彻的研究,没有准确、通俗、生动的语言表达能力,要想做好今译是不可能的。两年多来,全国高等院校古籍整理研究工作委员会在探索古籍的今注、今译的道路上,做了一些工作。这部丛书的出版,是系统今译的开始,说明古籍整理研究工作有了新的进展。更可喜的是,一批中青年学者参加了今注今译工作,为古籍整理增添了新生力量,相信他们会在实践中,在学习中,成长成熟。我希望,这套丛书的编委会和高校各古籍整理研究所要敞开大门,加强同国内外专家学者的联系,征求他们和广大读者的意见,并向有真才实学而又适宜做今译工作的专家学者约稿,以提高古籍译注的水平,使《古代文史名著选译丛书》的第二批、第三批作品的质量更上一层楼。

这是一套以文史为主的大型的古籍名著今译丛书。考虑到普及的需要,考虑到读者对象,就每一种名著而言,除个别是全译外,绝大多数是选译,即对从该名著中精选出来的部分予以译注,译文力求准确、通畅,为广大读者打通文字关,以求能读懂报纸的人都能读懂它。我希望这套丛书能成为中小学教师的语文、历史教学的参考书,成为大专院校学生的课外读物,成为广大文史爱好者的良师益友。由于系统的古籍今译工作还刚刚起步,这套丛书定会有不少缺点、错误,也诚恳地希望读者批评指正。

　　巴蜀书社要我为这套丛书写序,我欣然接受了。我相信这套丛书不仅会使八十年代的人们受益,还将使子孙后代受益,它将对祖国的繁荣昌盛起到点滴的作用。最后借此机会向曾给予我们支持、帮助的专家学者和巴蜀书社的同志表示衷心的感谢! 并殷切地希望台湾同胞、港澳同胞、海外侨胞和我们一同做好祖先留给我们的文化遗产的整理工作,为中华民族灿烂的文化再放异彩而努力!

周　林
1987年10月于北京

目 录

前言 ································· 001
周语上 ······························ 001
  邵公谏厉王弭谤 ···················· 001
  芮良夫论荣夷公专利 ················· 005
周语中 ······························ 008
  王孙满观秦师 ······················ 008
  刘康公论鲁大夫俭与侈 ··············· 011
  单襄公论郤至佻天之功 ··············· 017
鲁语上 ······························ 027
  展禽论祭爰居非政之宜 ··············· 027
  里革更书逐莒太子仆 ················ 035
  里革断宣公罟而弃之 ················ 038
  里革论君之过 ······················ 042

季文子论妾马 …… 045
鲁语下 …… 048
　　公父文伯之母论劳逸 …… 048
齐语 …… 054
　　管仲对桓公以霸术 …… 054
晋语二 …… 070
　　骊姬谮杀太子申生 …… 070
　　宫之奇知虞将亡 …… 082
晋语四 …… 085
　　齐姜与子犯谋遣重耳 …… 085
　　宋襄公赠重耳以马二十乘 …… 095
　　楚成王以周礼享重耳 …… 098
　　秦伯享重耳以国君之礼 …… 103
　　寺人勃鞮求见文公 …… 108
　　文公遽见竖头须 …… 113
　　文公伐原 …… 115
　　文公救宋败楚于城濮 …… 117
　　箕郑对文公问 …… 122
　　文公任贤与赵衰举贤 …… 125
晋语五 …… 130
　　臼季举冀缺 …… 130
　　赵宣子论比与党 …… 133
　　张侯御郤献子 …… 136

郤献子等各推功于下 …………………… 139

晋语六
　　赵文子冠 ……………………………………… 141
　　范文子论外患与内忧 …………………… 147

晋语七
　　悼公始合诸侯 …………………………… 150

晋语八
　　阳毕教平公灭栾氏 ……………………… 155
　　范宣子与和大夫争田 …………………… 161
　　叔向谏杀竖襄 …………………………… 167
　　叔向论忧德不忧贫 ……………………… 169

晋语九
　　中行穆子帅师伐狄围鼓 ………………… 173
　　董叔欲为系援 …………………………… 177
　　阎没叔宽谏魏献子无受贿 ……………… 179
　　董安于辞赵简子赏 ……………………… 182
　　赵简子问贤于壮驰兹 …………………… 185
　　智果论智瑶必灭宗 ……………………… 187
　　士茁谓土木胜惧其不安人 ……………… 190
　　智伯国谏智襄子 ………………………… 192

楚语上
　　蔡声子论楚材晋用 ……………………… 196
　　伍举论台美而楚殆 ……………………… 206

白公子张讽灵王宜纳谏 ………………………… 213

楚语下 ……………………………………………… 219
　　子常问蓄货聚马斗且论其必亡 ………………… 219
　　蓝尹亹避昭王而不载 …………………………… 225
　　蓝尹亹论吴将毙 ………………………………… 228

吴语 ………………………………………………… 231
　　越王句践命诸稽郢行成于吴 …………………… 231
　　吴王夫差与越荒成不盟 ………………………… 237
　　夫差伐齐不听申胥之谏 ………………………… 241
　　申胥自杀 ………………………………………… 247

越语上 ……………………………………………… 251
　　句践灭吴 ………………………………………… 251

越语下 ……………………………………………… 263
　　范蠡佐越灭吴 …………………………………… 263

编纂始末 …………………………………………… 001
丛书总目 …………………………………………… 001

前　言

《国语》是我国秦以前的一部历史典籍,记述了上起西周穆王伐犬戎(前967年),下到智伯灭亡(前453年)春秋时期及其前后的约500年间周、鲁、齐、晋、郑、楚、吴、越八国部分史事。分为《周语》3卷、《鲁语》2卷、《齐语》1卷、《晋语》9卷、《郑语》1卷、《楚语》2卷、《吴语》1卷、《越语》2卷,共21卷,7万余字。各语次序的排列,体现了周王室和各诸侯国的亲疏关系,把鲁、齐、晋、郑排在前边,既说明这4个诸侯国和周亲密,又表明编者重视诸夏(中原诸侯国);把楚、吴、越放在后面,除说明这3个诸侯国和周疏远,又表明编者轻视夷狄(边远少数民族诸侯国)的观念,这是春秋和战国初期的时代观点。

这种分国记事的体例,是中国史书中的首创,称为"国别史",对后代很有影响,陈寿的《三国志》等便是由《国语》体例发展来的。《国语》所记8国史事并不是有系统的,而是有重点地记述一些历史事件和历史人物,各语分量也轻重不同。最多的是《晋语》有9卷,齐、郑、吴三语,各仅1卷。所记主要内容基本和《左传》同是春秋时期史事,但因《左传》以记鲁国史事为主,叫作《春秋内传》,《国语》却分8国记事,便被叫作《春秋外传》。

因为《国语》和《左传》同记春秋时期史事,所以两书出现一定的重复。据统计在《国语》记事中和《左传》内容大致相同的有60多条。两书内容的差异占多数,其中差异最大的莫过于越灭吴的记载。其他如《齐语》记齐桓公用管仲改革内政和军事组织,以及春秋末期吴、越争霸过程,都有绘声绘色的描述,补充了《左传》对齐桓公称霸、吴越争霸记载的不足。

《国语》的作者,相传是孔子同时代的左丘明。这是西汉杰出的史学家司马迁最早提出来的,东汉的史学家班固进一步肯定了《国语》为左丘明撰,可见汉代学者都认为左丘明是《国语》和《左传》的共同作者，但是此说并不可靠。唐朝以后兴起了怀疑古代的风气，有些学者提出《国语》的作者并不是左丘明。清朝的考据学者赵翼认为："《国语》本列国史书原文，左氏特简料而存之，非手撰也。"(《陔余丛考·国语非左丘明所撰》)即认为《国语》是春秋时期各国史书的原文，只是经过左氏选择整理过，并不是他撰写的，这种看法得到了一些学者的承认。近现代的一些学者一般认为《国语》并非一地一时出于一人之手的作品。

《国语》的成书年代，一般认为当在战国初期。春秋之际特别是战国初期，正处在社会变化过程中，因而《国语》反映了人们在社会变化过程中的一些进步观点，是很可宝贵的文化遗产，对我们建设两个文明也有借鉴之处。这些内容主要有下列各点：

一是反对暴君统治。

书中虽然对传统的"周礼"仍有一定的感情，但并不讳言反对暴君的统治。例如《周语上》的"邵公谏厉王弭谤"、"芮良夫论荣夷公专利"，前者是反对压制言论，后者是反对垄断山林川泽财富不让百姓开发。描述厉王既迫害"国人"又使百姓无生活出路,最后"国人"被迫起义,把厉王赶到彘地。体现了作者谴责暴君统治的观点,反映了有压迫就有反抗的必然性。又如《鲁语上》"里克论君之过"中说晋国人杀了晋厉公,鲁成公听到后问群臣:"臣杀其君,谁之过也?"里革毫不掩饰地说:"君之过也。"意思是说晋厉公被杀是咎由自取,因为他犯的过错太多了。

二是反对贪婪奢侈。

贪婪奢侈是剥削阶级的本性。作者反对贪婪奢侈,目的在于说明贪婪奢侈会导致统治者的败亡,用以警惕统治阶级,但能对此进行典型而深刻的揭露,则是很可贵的。例如《楚语下》"子常问蓄货聚马斗且论其必亡"中,斗且说令尹子常专心搜刮财富,如同饥饿的豺狼一般,必然灭亡。即便是一国之君奢侈无度也必然要亡国的。又如《楚语上》"伍举论台美而楚殆"、《楚语下》"夫差伐齐不听申胥之谏"中,两次提到楚灵王不顾百姓死活大修章华台,最后导致兵变,灵王自杀的事。吴王夫差一意修姑苏台,耗尽民力,成为吴国灭亡的重要原因之一。

反对贪婪奢侈,必然要歌颂节俭。《周语中》

"刘康公论鲁大夫俭与奢"中,刘康公出聘鲁国回来后回答周定王说鲁国的季、孟两家节俭,俸禄可以够生活开支,能够保障全族人的生活,不致失败。《鲁语上》"季文子论妾马"中说季文子是鲁宣、成二公的相,但是他很节俭,家里"无衣帛之妾,无食粟之马"。仲孙它劝他说这样会使人说他吝啬,对国家也不光彩。可季文子却对他说"人之父兄食粗衣恶,而我美妾与马",就不配当相了。掌握全国大权的首揆还能想到穷困的百姓,实在不容易。特别感人的是前举《楚语下》"子常问蓄货聚马斗且论其必亡"中,斗且举子文三次当令尹,却穷得吃上顿缺下顿,楚成王得知后特意为他每天上朝准备一把肉干和一筐干粮给他吃。成王每次多发给他俸禄时,他就立即逃走,直到不再给他的时候才回来。于是有人问他:"人生求富,而您却逃避,是什么缘故呢?"他认为当官是要保护百姓的,百姓还很穷困,我却富有起来,那是搜刮百姓,自己发财,便要死到临头了,因此他说:"我逃死,非逃富也。"

三是反对傲慢无礼言行。

作者认为傲慢无礼的言行,必然会造成一个人的失败。最为突出的事例如《周语中》"单襄公论郤至佻天之功",说晋国在鄢陵打败楚军后郤至到周王室向天子"告庆"(报喜)过程中,把晋军战败楚军的功劳完全归于他自己。单襄公说他是刀架脖子上不知死活,认为是贪天功以为己力,郤至后来果然被杀。又如《周语中》"王孙满观秦师",说秦军千里迢迢偷袭郑国,路过周天子北门时,仅乘车的兵士下了车,而且只摘掉头盔拜了一拜,便跳上了兵车。王孙满认为这种既轻佻又骄傲的军队,缺少谋略和礼貌,没有礼貌必然松弛,缺少谋略就要陷入失败境地。果然,秦军伐郑不成退兵路过崤山时被晋军袭击,全军覆没。

四是重视人才。

重视人才的事例在许多章中随处可见,其中有欢迎执政者重视人才的。例如《晋语九》"赵简子问贤于壮驰兹",赵简子问壮驰兹吴、越一带谁最贤,壮驰兹立即对他拜贺,说一个国家将要兴旺起来的时候,当权者总是礼贤下士的,到要灭亡时,便要嫉贤妒能了。还有对因政治迫害造成人才外流提出批评,例如"蔡声子论楚材晋用"中,说楚国的一些人才因当权者是非不明,才含冤受屈逃奔他方,盼望澄清是非,早日回归故国。由于这种愿望无法实现,才帮助晋国打楚国,给楚国造成很多损失。因而强调只有政治清明,才能制止人才外流。至于《齐语》中说齐桓公所以能称霸,作者直接了当地说就是因为能任用管夷吾、宁戚、隰朋、宾胥无、鲍叔牙这些人,才建立了霸业,完全归功于人才。

五是看到了群众的力量。

在《国语》中尽管还存在着英雄史观,夸大个人的作用,但在一些篇章中却也出现了重视群众力量的记述。例如前举《周语下》"邵公谏厉王弭谤"中,奴隶主贵族邵公看到了群众的力量,才提出不能压制人们讲话。他说防止百姓讲话,比堵截江河还危险,堵塞江河一旦决口,一定要淹死很多人,把百姓逼急了也是这样。还有《晋语五》"郤献子等推功于下",在晋齐靡笄之战中,郤献子率军打败齐国,晋景公认为胜利是将佐们的功劳,但出乎意料,带兵的将佐却把胜利归功于兵士。这绝不是虚伪的谦逊之辞,而是他们在战争中看到兵士奋勇杀敌才得出的符合实际的结论。

《国语》和《左传》不仅是先秦的重要历史典籍,同时又是中国文学史上优秀的散文集。从散文的发展上看,《国语》又有新的特点。

首先是以记言为主。

《国语》是以记载历史人物对话为主的一种史书,和《左传》以叙事(虽然也有对话)为主不同,它是通过人物的言论、对话和互相驳难反映历史事件或说明一种观点的,所以书名叫《国语》。综观全书,它是记述历史得失成败的,一般是在列出事实之后得出一个结论。《越语下》范蠡帮助勾践吸取吴王夫差过去同意勾践讲和而遭失败的教训,提出一定不能重蹈夫差覆辙,应坚决灭掉吴。这种从事件引出的历史教训,是和古人把历史主要用于"教诲"的目的有关。

其次是生动幽默,妙趣横生。

有些篇章中的情节和对话,写得极为生动幽默,妙趣横生,使人物栩栩如生,跃然纸上。例如《晋语八》"叔向谏杀竖襄"中说晋平公射一只鹌雀不死,让竖襄去捉又没捉住,便要杀死竖襄。叔向得知后立即去劝平公一定要杀死竖襄,理由是晋国始祖唐叔,曾经一箭射死兕牛,用它的皮制了一幅大甲,凭这种才能得封为晋君。他对平公说,您作为唐叔的后代,连一只鹌雀都射不死,还捉不住,这是宣扬您的耻辱,因此您一定要快些杀死竖襄,以免传扬出去。这一段正话反说的妙语,极有风趣,把一箭射死大兕牛的唐叔受爵得封,同平公射不死小鹓雀反而要杀人,加以鲜明对比,显出平公既无能又残酷。这一个尖锐的批评,使平公感到惭愧,于是赦免了竖襄。类似这类篇章的还有《晋语九》"董叔欲为系援"、"阎没叔宽谏魏献子无受贿"等,这在先秦古籍中是少见的。

第三是善于表现人物的精神面貌。

作者通过特定的环境和矛盾斗争,用具体而又细致的对话,刻画人物的精神面貌。例如《晋语二》"骊姬谮杀太子申生"中所描绘的晋献公好色昏庸,听信谗言;骊姬阴险毒辣,陷害申生;以及申生愚忠愚孝,甘心等死;里克胆小怕事,保持中立,都刻画得维妙维肖,如在眼前。又如《吴语》中对申胥(即伍子胥)的描述,突出了他对吴、越两国誓不两立形势的分析,揭露句践阴谋报复吴国,反对夫差劳民伤财大修姑苏台,劝阻伐齐称霸以及最后被迫自杀等明智、忠贞、果敢、坚决的精神面貌,成功塑造了这个人们尊崇的高大形象。

总之,《国语》作为一部史书,不论在史学价值还是在文学成就上,对后代的影响都是很深远的。

司马迁撰著《史记》，《国语》就是重要的资料来源之一。人们从来都把《国语》和《左传》相提并论。韦昭在《国语解叙》上甚至说《国语》实际上可和儒家经典并驾齐驱，地位在诸子书之上。尽管唐代文学家柳宗元写过《非国语》，批评它的迷信色彩，但也充分肯定了："其文深闳杰异，固世之所耽嗜而不已。"但是到近现代确也有人从思想到文学成就上，对《国语》加以否定，例如崔适便认为"荒唐诬妄，自相矛盾者甚多"、"文词支蔓，冗弱无骨"（《洙泗考信余录》）。这种过激之论，不够公允，但却对后人颇有影响，致使人们对《国语》的重视和研究远不如《左传》。特别是新中国成立后所编写的古代汉语教材或古代散文选，一般都不选《国语》的文章，这是不合适的。《国语》是我国古代优秀的文化典籍之一，应该对它认真学习和研究。

　　关于《国语》还有几点需要说明：一是文章风格不尽相同。如《周语》、《鲁语》从思想到语言，都和《左传》相似，但《吴语》、《越语》却和《左传》相差甚多。这除了能证明它不是出于一人之手外，也有可能是经编者辑录之后没经过加工修饰。二是体例上的不同。例如《周语》、《晋语》、《越语》等有简略的年代记载，其他各语却没有纪年。三是繁简不同。例如《晋语》的详尽程度超过《左传》，而《郑语》记事分量最少，极为简略。当然这也可能是由于辑录人保持原样未经整理所致。四是指导思想的不同。前20卷都体现了儒家思想，卷21的《越语下》则是用道家思想写成的，这在先秦典籍中还是少见的。这也可能如有人说的是后人所作，附在《国语》后面的。以上四点多少可以证明《国语》一书绝非一时一人之作，又没有作过加工修饰，保存了原来的一些面貌，倒是很可宝贵的，从而也是值得进一步研究的。

  我们选译《国语》的目的是希望广大读者认真来阅读它，接受我们民族优秀文化的历史遗产，以便有利于建设社会主义精神文明。选译的内容，主要是那些对我们今天仍然有所启发，且又文辞优美，便于阅读的文章。至于那些带有神秘迷信色彩以及只有文献价值而且较枯燥的篇章，不予入选。既不照顾各国分量的轻重，也不注重史事联系，所以8国只选了7国。篇章大小不一，小的几十字，大的有二三千字一篇的。阅读《国语》不仅可以增长历史知识，还能够对我们做人、提高文化水平和继承优良文化传统,都有所帮助。

古代给《国语》作注的有东汉郑众、贾逵,三国时王肃、虞翻、唐固、韦昭,晋朝的孔晁等诸家,但多已散佚,只有韦昭的《国语解》流传下来。由于韦昭能吸收前人注释精华,内容充实,又简明扼要,有时一语破的,它的重点在于疏通文义,也引一些古书记载,比较精当,对阅读和研究《国语》极为有用。当然也有不足之处,如吴增祺指出的:"迁就旧文,以附己说者,所在多有。"(《国语韦解补正叙》)清代和近现代学者所作《国语》注释的著作很多,主要的有洪亮吉《国语韦解注疏》,董增龄《国语正义》,汪远孙《国语明道本考异》、《国语发正》,黄丕烈《校刊明道本韦氏解国语札记》,吴增祺《国语韦解补正》以及徐元诰《国语集解》等都可供参考。解放后人民文学出版社1959年出版的傅庚生《国语选》和上海古籍出版社1978年出版的《国语》校点本,以韦昭解为基础,吸收前人研究成果,是最好的读本。这本选译主要是依据校点本,也参校了一些其他本子,择善而从。

最后应作一交待的是这本选译各章标题的问题。《国语》分章标题,似乎始于民国时期出版的秦同培《国语评注读本》、叶麟《白话译解国语读本》，他们所选各章都加标题。傅庚生《国语选》标题比较规整，他说："各章原来没有标题。前人编选《国语》《战国策》，有的取每章的首句为题，有的另外给加一个题目；这里采用了后一个方法，因为这样做既可以概括章旨，又可以避免重复。"(《国语选》前言)但他只选110章，因而并未全标。校点本在《国语选》标题基础上又有所提高，既全标了各章，又概括了章旨，我就是基本上利用校点本标题来标各章的。但是校点本分章有的分得过于细碎，把本来是一篇的硬分为几章，如《晋语四》的一、二、三章，我把这三章合为一章，用第三章标题"齐姜与子犯谋遣重耳"。又如《越语下》本来是完整的一篇，却硬分为八章，我合并为一篇，另立标题"范蠡佐越灭吴"。个别标题也有疏忽之处，如《晋语五》"郤献子等各推功于上"，实际不是"推功于上"，而是"推功于下"，因为郤献子等把胜利的功劳归于三军的士兵，因此改为"郤献子等各推功于下"。校点本共分为243章，我选译55章(其中合并11章为2章，共为原书的64章)。

注译时曾参考并吸收了前人和当代学者的研

究成果，一并致谢，恕不一一注明。由于水平有限，书中疏漏和错误之处，敬请读者批评指正。

高振铎（东北师范大学文学院古籍研究所）
刘乾先（东北师范大学文学院古籍研究所）

周　语　上

邵公谏厉王弭谤

　　西周末年，周厉王政令严酷，暴虐无道，引起人民的反对。他又压制舆论，滥杀无辜，更加激起人民的反抗。邵公为了维护周王朝的统治，谏诤厉王，指出："防民之口，甚于防川。"并劝他广开言路。但周厉王却一意孤行，拒绝采纳，终于被国人所流放。厉王的失败说明，人民的力量是不可抗拒的。邵公具有民主因素的思想，是有一定进步意义的。

厉王虐①,国人谤王②。邵公告曰③:"民不堪命矣④!"王怒,得卫巫⑤,使监谤者,以告,则杀之。国人莫敢言,道路以目。王喜,告邵公曰:"吾能弭谤矣⑥,乃不敢言。"邵公曰:"是障之也⑦。防民之口,甚于防川。川壅而溃⑧,伤人必多,民亦如之。是故为川者决之使导,为民者宣之使言⑨。故天子听政,使公卿至于列士献诗⑩,瞽献曲⑪,史献书⑫,师箴⑬,瞍赋⑭,矇诵⑮,百工

---

① 厉王:周厉王,姓姬,名胡,公元前878—前841年在位。 ② 国:国都。谤:议论或指责别人的过失。与后世的诽谤不同。 ③ 邵公:邵穆公,名虎,又称邵伯虎,西周宗室邵康公之后,厉王的卿士。 ④ 堪:经得起,受得了。 ⑤ 卫巫:卫国巫人。巫,以装神弄鬼替人祈祷为职业的人。 ⑥ 弭(mǐ 米):制止。 ⑦ 障:本指防水的堤,这里指阻挡。 ⑧ 壅(yōng 雍):堵塞。 ⑨ 宣:开导。 ⑩ 列士:元士,上士。天子的士称为元士,以区别于诸侯的士。诗:此指讽喻朝政得失的诗篇。 ⑪ 瞽(gǔ 古):瞎子,此指乐官太师,当时用瞽者当乐师。曲:乐曲。其中多民歌,借以考察民情时政。 ⑫ 史:外史,史官。书:指史书。 ⑬ 师:少师,是低于太师的乐官。箴(zhēn 真):原为有劝戒内容的文辞,这里指进献箴言告戒。 ⑭ 瞍(sǒu 叟):眼睛没有瞳人的瞎子。赋:吟咏,这里指吟咏公卿列士所献的诗。 ⑮ 矇(méng 蒙):眼睛有瞳人但看不见东西的瞎子。诵:朗诵。这里指朗诵告诫的话。

谏①，庶人传语②，近臣尽规③，亲戚补察④，瞽、史教诲⑤，耆、艾修之⑥，而后王斟酌焉⑦，是以事行而不悖⑧。民之有口，犹土之有山川也，财用于是乎出；犹其有原隰衍沃也⑨，衣食于是乎生。口之宣言也，善败于是乎兴，行善而备败，其所以阜财用、衣食者也⑩。夫民虑之于心而宣之于口，成而行之，胡可壅也？若壅其口，其与能几何？"王不听，于是国人莫敢出言。三年⑪，乃流王于彘⑫。

【翻译】

　　周厉王暴虐无道，国都里的人都指责他的过失。邵公告诉厉王说："百姓忍受不了你的政令啦！"厉王大怒，找来个卫国的巫师，让他去监察指责他过失的人，只要

---

① 百工：与"百官"同，指所有官吏。　② 庶人：没有官爵的平民。传语：传言。平民不能到朝廷，但对政令得失的意见，可间接传达给天子。　③ 近臣：周王身边臣子。尽规：说尽规劝的话。　④ 亲戚：宗室、姻亲等亲属。补察：弥补过错察明是非。　⑤ 瞽、史：指上文"瞽献曲"、"史献书"的瞽史。　⑥ 耆、艾(qí ài 齐爱)：年老有德行的人。修：劝戒。　⑦ 斟酌：考虑取舍。　⑧ 悖(bèi 备)：违背情理。　⑨ 原：宽阔而平坦的土地。隰(xí 习)：低下而潮湿的土地。　⑩ 阜：增加。　⑪ 三年：过了三年，即公元前841年。　⑫ 彘(zhì 至)：地名，在今山西霍州西北。

他告发谁指责，就杀掉谁。国都里的人再也没有人敢说话，熟人在路上相遇只能用眼色示意。厉王很得意，告诉邵公说："我能制止人们对我的指责了，他们竟然不敢再讲话了。"邵公回答说："这只是堵住了百姓的嘴，堵百姓的嘴，比堵截江河还危险。江河堵塞了就会决口，伤害的人一定很多，堵百姓嘴的危害也像这样。因此治理江河的人要排除壅塞使水畅流，治理百姓的人要开导他们叫他们讲话。所以天子管理国政，先让公卿直到列士们都献诗，乐官太师献纳乐曲，外史献纳史书，少师进献箴言，瞍者朗诵公卿列士所献的诗，矇者朗读箴谏的话，所有百官分别谏诤，平民百姓把他们的意见辗转上达，左右近臣知无不言，宗室姻亲补过察偏，乐官太师和史官对王教诲，年老有德行的人对王劝戒，然后由天子亲自斟酌裁决，因此政事施行起来才不致违背情理。百姓有嘴，就像大地上有山河一样，资财器物从这里产生出来；又像大地上有平原洼地平川沃野一样，衣服粮食都从这里产生出来。百姓发表的意见，是成功或败亡的起点，推行善政防范败亡，才正是增加财富、器物、衣物、粮食的办法。百姓在心里思虑用嘴讲出来，成熟之后就要表现出来，怎么能堵得住呢？倘要堵住他们的嘴，能堵多长时间呢？"厉王不采纳他的劝告，于是国都里的人没有谁再敢讲话。过了三年，人们便把厉王放逐到彘地去了。

芮良夫论荣夷公专利

周厉王不仅在政治上对人民进行残酷镇压,还在经济上进行横征暴敛。他宠幸荣夷公,实行垄断山林川泽的政策。芮良夫对此提出批评,并预言周王室若用荣夷公执政,政权必将崩溃。厉王不加理睬,用荣夷公当王室卿士,人民因不能开发山林川泽无以为生,只好起而反抗,终于把厉王放逐到彘地。

厉王说荣夷公①,芮良夫曰②:"王室其将卑乎!夫

---

① 荣夷公:荣是周天子畿内的诸侯国,与周同姓。夷公,周的卿士。说(yuè月):"悦"的古字,喜欢。 ② 芮(ruì 锐)良夫:芮也是周的同姓畿内诸侯国。良夫,周的卿士。

荣公好专利而不知大难。夫利,百物之所生也,天地之所载也①,而或专之,其害多矣。天地百物,皆将取焉,胡可专也? 所怒甚多,而不备大难,以是教王,王能久乎? 夫王人者,将导利而布之上下者也②,使神人百物无不得其极③,犹日怵惕④,惧怨之来也。故《颂》曰⑤:'思文后稷⑥,克配彼天⑦。立我蒸民⑧,莫匪尔极⑨。'《大雅》曰⑩:'陈锡载周⑪。'是不布利而惧难乎? 故能载周,以至于今。今王学专利,其可乎? 匹夫专利,犹谓之盗,王而行之,其归鲜矣。荣公若用,周必败。"既,荣公为卿士⑫,诸侯不享⑬,王流于彘。

---

① 载:成。 ② 上下:上指天神,下指百姓。 ③ 极:顶点,满足。 ④ 怵(chù 触)惕:戒惧。 ⑤《颂》:此指《诗经·周颂·思文》一诗。 ⑥ 思文后稷:后稷很有文德。思,语气助词。文,指文德,经纬天地叫文。后稷,周族始祖,相传他教民耕种,为尧、舜时期农官。 ⑦ 克配彼天:功德能跟老天相配。克,能。 ⑧ 立我蒸民:养活我们百姓。立,当作"粒",用作动词,用粮食养育。蒸民,众民,指百姓。 ⑨ 莫匪尔极:无非是你有大德。极,功德达到极点。 ⑩《大雅》:此指《诗经·大雅·文王》一诗。 ⑪ 陈锡载周:一再施予恩惠创立周业。陈,通"申",一再,重复。锡,通"赐",指施恩于百姓。载,创建。 ⑫ 卿士:周王室的执政官。 ⑬ 不享:指诸侯不向王室进献,即不来朝见。享,进献。

【翻译】

　　周厉王宠爱荣夷公,芮良夫说:"周王室大概就要衰微不振了吧!那位荣公好独占财利却不知预防大难。财利,是万物所生的,是天地形成的,如果有人独占它,就会有很多危害。天地万物生成的财利,百姓都要使用,怎么可以独自占有呢?独占财利激怒很多的人,却又不防备大难,用这种办法教唆王去干,君王的统治能维持长久吗?当一国之王的人,应当开发财利给神灵和百姓,使神和人以及万物无不得到满足;还要天天戒惧,唯恐招来怨恨。因而《颂》诗说:'思文后稷,克配彼天。立我蒸民,莫匪尔极。'《大雅》诗说:'陈锡载周。'这难道不是给人财利又害怕出乱子吗?所以文王才能够建立周国,一直延续到今天。现在君王却学独占财利,能够行得通吗?平民百姓独占财利,还叫作强盗,作为天子这样干,那么归附周王室的人就会很少了。假设用荣公执政,周国必亡。"荣公当卿士以后,诸侯不再来朝贡,厉王被国人放逐到彘地。

周 语 中

王孙满观秦师

秦军千里偷袭郑国,经过周天子城北门时,按当时礼法,诸侯军队本应解下盔甲向王城叩拜。但秦军却仅跳下兵车摘下头盔下拜而已,拜后还跳上兵车,极为轻佻无礼。年幼的周大夫王孙满看到后,认为秦军必有灾难,果然秦军偷袭郑国不成,回师路上被晋军在崤地打败。

二十四年①,秦师将袭郑②,过周北门③。左右皆免

---

① 二十四年:周襄王二十四年,即公元前628年。 ② 秦师:秦国军队。这里指秦大夫孟明视统率的军队。 ③ 周北门:周王城的北门。

胄而下拜①,超乘者三百乘②。王孙满观之③,言于王曰:"秦师必有谪④。"王曰:"何故?"对曰:"师轻而骄⑤,轻则寡谋,骄则无礼。无礼则脱⑥,寡谋自陷。入险而脱,能无败乎?秦师无谪,是道废也。"是行也,秦师还,晋人败诸崤⑦,获其三帅丙、术、视⑧。

【翻译】

　　周襄王二十四年,秦军要去偷袭郑国,路过周王城的北门。兵车上的车左车右都只是摘了头盔对王宫礼拜,竟有三百辆兵车的将士跳上了兵车。王孙满看过以后,对襄王说:"秦军必定要有灾祸了。"襄王问他:"为什么呢?"回答说:"秦军轻佻而且骄傲,轻佻就缺乏谋略,骄傲就没有礼节。没有礼节就漫不经心,缺乏谋略就会陷入失败的境地。进入险境还漫不经心,能不失败吗?

---

　　① 左右:车左和车右。一辆兵车三人,车上如无君主或主帅,一般是驾车的在中间,射者在左,手持戈盾的在右。胄:古代战士戴的头盔。圆帽形,左右及后部向下伸展,保护头、面、颈部。与今头盔形式不同。　② 超乘:跳跃上车。　③ 王孙满:周大夫,此时年纪尚幼。　④ 谪(zhé哲):灾祸。　⑤ 轻:此指超乘的行为轻佻,不庄重。骄:此指过天子城门不卷甲束兵,却仅免胄下拜是骄傲的。　⑥ 脱:疏略而不经心。　⑦ 崤(yáo摇):即崤山,在今河南西部。　⑧ 丙:白乙丙。术:西乞术。视:孟明视。

假如秦军不遭灾祸,那就是道理不管用了。"秦这一次出兵没有得手,就退了回来。晋军在崤山截击并打败了秦军,俘虏了秦军的白乙丙、西乞术和孟明视三个将领。

刘康公论鲁大夫俭与侈

周定王派刘康公到鲁国通问致意,回来后问他鲁国大夫中谁最贤?康公认为季孙、孟孙两氏生活节俭,能够长久掌握鲁国政权;叔孙、东门两家奢侈,必将垮台。这说明当时人对统治者生活节俭或奢侈,足以影响他们的政治地位是否巩固,是有认识的。唐代诗人李商隐用诗总结这一规律说:"历览前贤国与家,成由勤俭败由奢。"至于说东门氏只能事一君,叔孙氏来不及事三君的时间长短的预言,不是巧合便是有意安排刘康公聘鲁年代的,不应信以为真。

定王八年①,使刘康公聘于鲁②,发币于大夫③。季文子、孟献子皆俭④,叔孙宣子、东门子家皆奢⑤。

归,王问鲁大夫孰贤?对曰:"季、孟其长处鲁乎!叔孙、东门其亡乎!若家不亡,身必不免。"王曰:"何故?"对曰:"臣闻之,为臣必臣,为君必君。宽肃宣惠⑥,君也;敬恪恭俭⑦,臣也。宽所以保本也⑧,肃所以济时也⑨,宣所以教施也⑩,惠所以和民也。本有保则必固,时动而济则无败功,教施而宣则遍,惠以和民则阜。若本固而功成,施遍而民阜,乃可以长保民矣,其何事不彻⑪?敬所以承命也,恪所以守业也,恭所以给事也,俭所以足用也。以敬承命则不违,以恪守业则不懈,以恭给事则宽于死,以俭足用则远于忧。若承命不违,守业

---

① 定王八年:周定王八年,即公元前599年。周定王名榆,前606—前586年在位。 ② 刘康公:刘是周天子畿内国名,地在今河南偃师缑氏故城西北。康公,周定王卿士王季子。聘:古代诸侯之间派使者携带礼物访问修好,天子对诸侯也有时派人通问致意,都叫聘。 ③ 币:聘问时赠送的礼物,如玉、马、皮、圭、璧、帛之类。 ④ 季文子:季孙行父,鲁卿。孟献子:仲孙蔑,鲁卿。俭:节俭。 ⑤ 叔孙宣子:叔孙侨如,鲁大夫。东门子家:公孙归父,鲁大夫。侈:奢侈。 ⑥ 宽:度量宏大。肃:严整有序。宣:普遍。惠:仁爱。 ⑦ 恪(kè客):谨慎。恭:奉行。 ⑧ 本:根基。 ⑨ 济时:按时做成。 ⑩ 教施:表示恩赐。 ⑪ 彻:通达。

不懈，宽于死而远于忧，则可以上下无隙矣，其何任不堪？上任事而彻，下能堪其任，所以为令闻长世也。今夫二子者俭，其能足用矣，用足则族可以庇。二子者侈，侈则不恤匮，匮而不恤，忧必及之，若是则必广其身①。且夫人臣而侈，国家弗堪，亡之道也。"王曰："几何？"对曰："东门之位不若叔孙，而泰侈焉②，不可以事二君。叔孙之位不若季、孟，而亦泰侈焉，不可以事三君。若皆蚤世犹可③，若登年以载其毒④，必亡。"

十六年，鲁宣公卒。赴者未及⑤，东门氏来告乱⑥，子家奔齐。简王十一年⑦，鲁叔孙宣伯亦奔齐⑧，成公未

---

①广其身：搜刮百姓以自肥。 ②泰侈：过度奢侈。 ③蚤世：早下世，即早死。蚤，通"早"。 ④登年：活得年头长。登，高，长。载，施行。 ⑤赴者：报丧的人。赴，报丧。这一意义后来写作"讣"。 ⑥东门氏告乱：东门子家想消灭季孙、孟孙、叔孙三家，还未来得及，赶上鲁宣公死，报丧的人还没到达周王室，三家便赶走子家。说明东门氏只经过鲁宣公一君未及事二君。告乱，当时诸侯大夫奉国君命令出使，和各国通情结好，吉凶相告，因东门子家曾到周出使，所以派人到周报告发生乱事。 ⑦简王十一年：公元前575年。简王，周定王的儿子姬夷，前585—前572年在位。 ⑧叔孙宣伯：即叔孙宣子。因与鲁宣公夫人穆姜私通，想杀掉季、孟两家未成，被逐逃往齐国。

殁二年①。

【翻译】

　　周定王八年，定王派刘康公到鲁国去通问致意，给鲁国大夫们分赠礼品。季文子、孟献子都很节俭，叔孙宣子、东门子家都极奢侈。

　　刘康公回来后，定王问他鲁国大夫哪一个贤？刘康公回答说："季、孟两家大概会在鲁国长期当政吧！叔孙、东门两家大概会败亡吧！如果不是整个家族败亡，他们自身也必定不能免除灾难。"定王问他："那是为什么呢？"回答说："我听说：做臣子的必须像个臣子的样子，做国君的必须像个做国君的样子。宽和、严整、周遍、仁爱，是国君应该做到的；端肃、谨慎、恭敬、节俭，是臣子应该做到的。宽和是用来保住根基的，严整是用来按时完成事功的，周遍是用来告诉怎样恩赐的，仁爱是用来和睦百姓的。根基得到保护就必然巩固，按时行动完成事功就不会失误，教会恩赐周遍就会没有遗漏，用仁爱和睦百姓就会增加财富。倘若根基巩固又能完成事功，施恩普遍

---

　　① 成公未殁二年：在鲁成公死前二年，即公元前575年。说明叔孙侨如只经鲁宣公、成公两世，未及事三君。

而使百姓富有，就可以长久地安抚百姓，还有什么事做不到的？端肃是用来接受国君命令的，谨慎是用来遵守职责的，恭敬是用来办事服务的，节俭是用来保证足够开支的。用端肃接受命令便不会违背国君，用谨慎遵守职责就不会懈怠，用恭敬办事就免于遭受杀害，用节俭保证足够开支就不会愁用度不足。如果接受命令不违背，遵守职责不懈怠，既能免遭杀害又不用愁用度不足。就可以使上下之间没有什么嫌隙了，那还会有什么事情不能胜任的呢？国君让做的事情能畅通无阻，臣下能堪当国君的重任，才能够长久地保持美名。现今季、孟两家节俭，节俭便够开支，用度充足族人便可得到照顾。叔孙、东门两家奢侈，奢侈就不能照顾族中人的穷困，穷困了还不能周济，就必然要碰到忧患，如此一来就必然要搜刮百姓自肥。况且当人臣的奢侈起来，国家也受不了，这是一条灭亡的道路啊。"定王又问："叔孙、东门两家能支持多久？"刘康公回答说："东门的职位不如叔孙高，却过分奢侈，不能够侍奉两代国君。叔孙的地位没有季、孟两人高，也过分地奢侈，来不及侍奉三代君主。倘若东门、叔孙早死一些时候也还罢了，假如活的时间长对百姓施加毒害，必遭灭亡。"

定王十六年，鲁宣公死了。报丧的人还没到达周，东门氏便来告知鲁国发生乱事,子家逃亡到齐国。周简王十一年,鲁国的叔孙宣伯也逃亡到齐国,时间在鲁成公死前两年。

单襄公论郤至佻天之功

晋国郤至在晋楚鄢陵之战晋国胜利后,借到周王室报喜之机,在朝堂上攫取战功企图争夺晋国上卿的思想暴露无遗。单襄公听到后对他进行了批驳,首先认为郤至想压倒在他上头的七位将佐掌管政权,会遭到他们的怨恨,无法防范。其次,郤至自称他具备仁、礼、勇三大功劳,因此是贪晋国广大士兵(天)的功劳为自己的功劳,最终会众叛亲离。第三,认为郤至把用诡诈手段的做法称为仁、礼、勇的行为,既违背了战争目的,又危害了国家,也给他自己带来耻辱。因此单襄公预言郤至用三种诡诈手段,妄图废除七位将佐掌管晋国大权,不仅根本不能实现,而且死在临头。果然,郤至回国后第二年就被除掉。这说明,人是不应该错误估计自己的功劳,更不应该在错误的估计基础上妄图达到个人的野心,更何况把危害国家的诡诈行为当成功劳,那样做是没有不身败名裂的。

晋既克楚于鄢①,使郤至告庆于周②。未将事,王叔简公饮之酒③,交酬好货皆厚④,饮酒宴语相说也。

明日,王叔子誉诸朝。郤至见邵桓公⑤,与之语。邵公以告单襄公曰⑥:"王叔子誉温季,以为必相晋国,相晋国,必大得诸侯,劝二三君子必先导焉⑦,可以树⑧。今夫子见我,以晋国之克也,为己实谋之,曰:'微我,晋不战矣!楚有五败,晋不知乘,我则强之。背宋之盟⑨,一

---

① 晋既克楚:公元前575年晋厉公伐郑,楚国救郑,晋在鄢陵打败楚军。鄢:鄢陵,在今河南鄢陵。 ② 郤(xì 系)至:又叫温季,晋卿。告庆:向周天子报喜。当时诸侯国战争胜利后,都要向天子报喜。 ③ 王叔简公:王叔陈生,周大夫。 ④ 交酬好货:互赠结好的礼物。 ⑤ 邵桓公:周王卿士。 ⑥ 单襄公:周王卿士。 ⑦ 二三君子:指在朝的一些公卿。导:指诱导晋侯升郤至为上卿。 ⑧ 树:指周在晋国树立党羽。 ⑨ 背宋之盟:公元前579年经宋国华元斡旋,曾使晋楚两国结盟,鄢陵战前楚救郑攻晋,所以说这是背弃在宋定的盟约。

也;德薄而以地赂诸侯①,二也;弃壮之良而用幼弱②,三也;建立卿士而不用其言③,四也;夷、郑从之④,三陈而不整⑤,五也。罪不由晋,晋得其民,四军之帅⑥,旅力方刚⑦;卒伍治整,诸侯与之。是有五胜也:有辞⑧,一也;得民,二也;军帅强御⑨,三也;行列治整,四也;诸侯辑睦,五也。有一胜犹足用也,有五胜以伐五败,而避之者,非人也。不可以不战。栾、范不欲,我则强之。战而胜,是吾力也。且夫战也微谋,吾有三伐⑩;勇而有礼,反之以仁。吾三逐楚军之卒,勇也;见其君必下而趋⑪,礼也;能获郑伯而赦之,仁也。若是而知晋国之政⑫,楚、越必朝。'

---

① 以地赂诸侯:指楚国用汝阴之田贿赂郑国,换取郑国背晋从楚。 ② 壮之良:年壮的良才,指申叔时。申叔时在战前对楚中军将子反指出:"楚内弃其民,而外绝其好(指晋)。"(《左传·成公十六年》)作战必败,未被接受。幼弱:指楚中军将司马子反,指挥战争失败自杀。 ③ 卿士:指楚子囊,他不主张背晋,但意见未被楚王采纳。 ④ 夷:楚国的东夷。 ⑤ 三陈:指夷、郑、楚三方各自为阵,军令不统一。陈,军队列阵。这一意义后来写作"阵"。 ⑥ 四军之帅:当时晋有四军,用八卿为帅。中军栾书为将,士燮为佐;上军郤锜为将,荀偃为佐;下军韩厥为将,智罃为佐;新军赵旃为将,郤至为佐。 ⑦ 旅:众多。 刚:强壮。 ⑧ 有辞:有说辞。指楚背盟,晋军师出有名。 ⑨ 强御:强盛。 ⑩ 伐:功劳。 ⑪ 趋:快步走,表示恭敬。 ⑫ 知:执掌。

"吾曰:'子则贤矣。抑晋国之举也,不失其次,吾惧政之未及子也①。'谓我曰:'夫何次之有?昔先大夫荀伯自下军之佐以政②,赵宣子未有军行而以政③,今栾伯自下军往④。是三子也,吾又过于四之无不及⑤。若佐新军而升为政,不亦可乎?将必求之。'是其言也,君以为奚若?"

襄公曰:"人有言曰:'兵在其颈⑥。'其郤至之谓乎!君子不自称也,非以让也,恶其盖人也⑦。夫人性,陵上者也,不可盖也。求盖人,其抑下滋甚,故圣人贵让。且谚曰:'兽恶其网,民恶其上⑧。'《书》曰⑨:'民可近也,而

---

① 吾惧政之未及子也:我怕晋国的政权不一定落到您头上。郤公意思是说郤至的地位在七名将佐之后,怕他不能当上卿。及,到。 ② 荀伯:荀林父,郤至的先人。曾从下军佐第六卿升为正卿,执晋国之政。 ③ 赵宣子:赵盾。未有军行(hànɡ杭)而以政:指赵盾曾为中军佐,为第二卿,非主帅,又未带兵,也升为正卿执政。军行,军列。 ④ 栾伯:栾书。自下军往:从下军升上去。栾书原为下军将,是第五卿,也从下军升为正卿。 ⑤ 四:公序本作"三",以"三"为是。 ⑥ 兵在其颈:刀架在脖子上。指死到临头。 ⑦ 盖:胜过,压倒。 ⑧ 兽恶其网,民恶其上:动物憎恨捕捉它们的罗网,百姓讨厌压迫他们的官老爷。恶(wù勿),憎恨,讨厌。 ⑨ 《书》:指现已不存在的佚书。

不可上也①。《诗》曰②：'恺悌君子，求福不回③。'在礼，敌必三让④，是则圣人知民之不可加也。故王天下者必先诸民，然后庇焉⑤，则能长利。今郤至在七人之下而欲上之，是求盖七人也，其亦有七怨。怨在小丑⑥，犹不可堪，而况在侈卿乎⑦？其何以待之？

"晋之克也，天有恶于楚也，故儆之以晋⑧。而郤至佻天之功以为己力⑨，不亦难乎？佻天不祥，乘人不义⑩，不祥则天弃之，不义则民叛之。且郤至何三伐之有？夫仁、礼、勇，皆民之为也。以义死用谓之勇⑪，奉义顺则谓之礼⑫，畜义丰功谓之仁⑬。奸仁为佻⑭，奸礼为羞⑮，奸勇为贼⑯。夫战，尽敌为上，守和同顺义为上⑰。

---

① 民可近也，而不可上也：对百姓只能亲近，却不能欺压他们。上，欺压。 ②《诗》：此指《诗经·大雅·旱麓》一诗。 ③ 恺悌君子，求福不回：和易近人的君子，正直地追求幸福。恺悌(kǎi tì 凯惕)，和易近人。回，邪辟。 ④ 敌：对等，相当。 ⑤ 庇(bì 币)：庇护。 ⑥ 小丑：小人之类。丑，类。 ⑦ 侈卿：大卿。 ⑧ 儆：警戒。 ⑨ 佻(tiāo 挑)：窃取。 ⑩ 乘：凌驾。 ⑪ 以义死用：仗义为国家所用而死。 ⑫ 奉义：遵从正义。顺则：顺从法则。 ⑬ 畜义：积攒恩义。丰功：增大功劳。 ⑭ 奸仁：用诡诈手段表示自己仁德。指郤至能够俘获郑伯，却把他放走，借以表示自己仁德。 ⑮ 奸礼：用诡诈手段表示自己有礼。郤至在战场上见到楚君本应进攻，反而下车趋走，表示有礼。 ⑯ 奸勇：用诡诈手段表示勇敢。郤至多次打败楚军，却不伤害楚王，是假勇敢。 ⑰ 守和同：保住和平友好。

故制戎以果毅①，制朝以序成②。叛战而擅舍郑君，贼也；弃毅行容③，羞也；叛国即雠④，佻也。有三奸以求替其上⑤，远于得政矣。以吾观之，兵在其颈，不可久也。虽吾王叔，未能违难。在《太誓》曰⑥：'民之所欲，天必从之⑦。'王叔欲郤至，能勿从乎？"

郤至归，明年死难⑧。及伯舆之狱⑨，王叔陈生奔晋。

【翻译】

晋国在鄢陵打败楚军以后，派郤至到周向天子报喜。在举行仪式之前，王叔简公请郤至吃酒，互相馈赠结好的礼物都很丰厚，他们边喝边谈，彼此都很满意。

第二天，王叔子就在朝堂上赞扬郤至。郤至见到了邵桓公，便和他攀谈。邵公过后把这事告诉单襄公说：

---

① 制戎：管理军队。果毅：果敢而坚忍。 ② 序：次序。指朝廷按爵位升官。 ③ 容：礼仪。指郤至见楚君下趋致敬。 ④ 即雠：和敌人亲近。雠，仇敌。指放走郑伯。 ⑤ 替：废除。 ⑥ 《太誓》：伪古文《尚书·泰誓篇》。 ⑦ 民之所欲，天必从之：百姓向往的，上天一定满足他们。 ⑧ 死难：遭难而死。公元前574年晋厉公杀三郤，郤至被杀。 ⑨ 伯舆之狱：指王叔陈生同伯舆打的那场官司。公元前563年王叔陈生和周大夫伯舆因为争政而打官司，周王偏袒伯舆，王叔陈生败诉后逃到晋。狱，诉讼案件。

"王叔子赞扬温季,以为他将来必当晋国的相,倘若他当了晋国的相,一定深得诸侯的拥护,王叔子劝在朝的公卿大夫们一定要使晋君升郤至为上卿,我们在晋国就有了自己的人。今天郤至见到我,以为晋国打了胜仗,是由他自己谋划的,说:'假如没有我,晋军就不会打这一仗了!楚军有五个失败的因素,晋军却不知道利用,我就强迫他们同楚国作战。楚军背叛在宋国的盟约向晋进攻,是第一条;他们缺少诸侯间的道德,用汝阴的土地贿赂郑国,使郑叛晋近楚,是第二条;抛弃年壮的良才却任用年轻软弱的人,是第三条;虽然设置了卿士却不采纳他的主张,是第四条;东夷和郑国虽然听从楚国的调遣,但三方各自布阵而不统一,是第五条。这次交战的过错不在晋国,晋国是得民心的,四军的将佐,各方面的力量都极强盛;军队治理有方,诸侯都是支持我们的。这样晋军就有五条胜利的条件:师出有名,是第一条;取得百姓的支持,是第二条;军帅们强而有力,是第三条;队伍整齐,是第四条;诸侯与晋友好和睦,是第五条。晋国有一个胜利条件也就够用了,何况以五条胜利条件去打有五个失败因素的敌人,如果回避敌人,就算不得一个人了。所以我们不应该不和楚军作战。但是中军将、佐栾书、士燮还不想打,我却竭力主张非打不可。打了并且打胜了,这是我的功劳。而且他们在作战中缺乏谋略,我却有三大功劳;我勇敢而且有礼节,还用恩德回报他们。我多次追杀楚君的将士,是勇敢;看见楚国的君主一定下车趋走,是有礼;能够俘虏郑伯却放了他,是仁德。像这样勇敢、有礼、讲仁德,去执掌晋国的政事,楚、越等国必定归附晋国。'"

"我说:'您是有才干的。但是晋国选拔上卿,不会失掉应有的次序的,我怕晋国的政权不一定落到您的手里。'他对我说:'哪有什么次序呢?从前我家先大夫荀伯是从下军之佐的第六卿升为正卿掌管晋国政权的,赵宣子是中军佐第二卿还没有带兵作战就升为正卿掌政的,现今的栾伯是下军将第五卿升为正卿的。和这三位比,我的才干都比他们强,没有不如他们的。假如我这新军佐升为正卿掌政,不也可以吗?我一定要把政权抓到手。'这就是他说的话,您以为怎么样?"

襄公说:"人们有一句话说:'刀已架在他的脖子上。'大概就是指郤至说的吧!君子是不给自己摆功的,这倒不是为了谦让,而是厌恶掩盖人家的长处。大凡人的性情,总是要胜过在他们上边的人,不应该掩盖人家的长处。越是想要掩盖人家长处的,他压制下边的人就越厉害,所以圣人重视谦让。有句谚语说:'兽恶其网,民恶其上。'《书》里说:'民可近也,而不可上也。'《诗经》里说:'恺悌君子,求福不回。'在礼法上讲,身份相当的人必须再三谦让,因此圣人知道对百姓不能凌驾在他们之上。所以称王天下的人必须先为百姓着想,然后自己才受庇护,这样才能长期得到好处。现在郤至地位在七位将佐之下却想要高居他们之上,是想压倒这七个人,这样也必将有七个人对他怨恨。和小人之类的人结怨,尚且忍受不了怨恨,何况同大卿结怨呢?他将怎样防范怨恨呢?

"晋军战胜楚军,是老天爷憎恨楚,所以用晋警戒它。但郤至窃取老天爷的功劳当作自己的功劳,这样做不是很难的吗?窃夺天功是不吉祥的,欺凌别人是不道义的,不吉祥上天就要扔掉他,不道义百姓就要叛离他,并且郤至哪有什么三大功劳呢?他说的仁、礼、勇,都是百姓们做出来的。仗义为国捐躯叫作勇,遵循正义顺从法则叫作礼,积聚恩义增大功业叫作仁。用诡诈手段表示仁德是假装仁慈,用诡诈手段表示礼节是耻辱的行为,用诡诈手段表示勇敢是危害国家的行为。战争,就是要以全歼敌人为主要目的,或者以能保持和平顺从道义为主要目的。所以用果断坚决来控制军队,按爵位大小次序升迁来管理朝廷。背离战争目的私自放走郑君,是危害国家的行为;不对敌人狠狠打击却表示有礼节,是羞耻;背叛国家讨好仇敌,是假装仁慈。用以上三种狡诈行为想废掉在他上边的人,离他升为正卿主持国政是很遥远的。依我看来,刀已架在他的脖子上,是活不长了。即使我们的王叔,也不能避免灾难。《太誓》里说:'民之所欲,天必从之。'王叔想和郤至交好,能不受牵连吗?"

郤至回晋国后,第二年被杀。到王叔陈生和伯舆打官司的时候,王叔因诉讼失败便逃亡到晋国。

鲁　语　上

展禽论祭爰居非政之宜

　　有一只叫"爰居"的海鸟飞来鲁国城东门外三天不离去，执政卿臧文仲让百姓祭祀它，展禽认为不该随便对它祭祀。展禽论证了古代圣王制定祭祀的五条原则和应该祭祀的社稷山川诸神、古代圣贤以及星辰、五行、川泽等，此外再不应对任何事物进行祭祀。臧文仲接受了他的意见。足见中国古代的祭祀主要是感谢有功于人民的祖先、道德品质值得学习的历史人物和自然界里与人们生产、生活关系密切，影响巨大的事物。展禽最后推测海鸟来临的原因，认为可能海洋里将有灾难，鸟兽知道避难才来的，果然当年海上大风，冬天暖和，这在两千多年前实在难能可贵。

海鸟曰"爰居"①,止于鲁东门之外三日,臧文仲使国人祭之②。展禽曰③:"越哉④,臧孙之为政也!夫祀,国之大节也⑤;而节,政之所成也。故慎制祀以为国典⑥。今无故而加典,非政之宜也。

"夫圣王之制祀也,法施于民则祀之,以死勤事则祀之,以劳定国则祀之,能御大灾则祀之,能扞大患则祀之。非是族也,不在祀典。昔烈山氏之有天下也⑦,其子曰柱⑧,能殖百谷百蔬;夏之兴也,周弃继之⑨,故祀以为

---

① 爰居:鸟名,又叫杂县。 ② 臧文仲:臧孙辰,臧孙是复姓。鲁国的卿士。 ③ 展禽:本名展获,字禽,又叫展季,因住在"柳下"地方,下文称柳下季。死后由他妻子倡议谥为惠,又称柳下惠。鲁国的贤大夫。 ④ 越:迂阔。 ⑤ 大节:重大的规定。节,规定,决定。 ⑥ 国典:国家的典章制度。 ⑦ 烈山氏:是炎帝也即神农氏的号。相传烈山(一作厉山)有一石穴,神农即出生在那里,称为"神农穴"。烈山,在湖北随州。 ⑧ 柱:是烈山氏的儿子,夏以前被祭祀为五谷神。 ⑨ 弃:周族的祖先,他出生后被母亲认为不祥多次抛弃,起名叫弃。传说弃继承柱善于种植五谷。

稷①。共工氏之伯九有也②,其子曰后土③,能平九土④,故祀以为社⑤。黄帝能成命百物⑥,以明民共财⑦,颛顼能修之⑧。帝喾能序三辰以固民⑨,尧能单均刑法以仪民⑩,舜勤民事而野死⑪,鲧鄣洪水而殛死⑫,禹能以德

① 稷:五谷神。因弃教百姓种植五谷有功,商朝以后祭祀稷,称为后稷。 ② 共工氏:传说中的部落首领。伯:通"霸",领有。九有:九州。 ③ 后土:共工氏的儿子,名句龙,辅佐黄帝当土官,称为后土。 ④ 九土:九州的土地。 ⑤ 社:土地神。 ⑥ 黄帝:相传为少典之子,姓公孙,住在轩辕之丘,号轩辕氏,又迁居姬水,改姓姬。曾先后打败炎帝、蚩尤部落,被诸侯尊为天子,成为华夏族的祖先。因有土德的祥瑞,称为黄帝。他和他的臣下有许多发明创造。成命百物:给各种事物起名。命,名。物,事。 ⑦ 明民共财:使百姓知道生财之道共同占有财富。 ⑧ 颛顼(zhuān xū 专旭):黄帝之孙,号高阳氏。 ⑨ 帝喾(kù 库):黄帝曾孙,号高辛氏。三辰:指日、月、星。 ⑩ 尧:帝喾的庶子,名放勋,号陶唐氏。单:通"殚",穷尽,完全。仪:爱护,保护。 ⑪ 舜:颛顼六世孙,名重华,号有虞氏。野死:指舜征伐有苗氏,死在苍梧之野。 ⑫ 鲧(gǔn 滚):颛顼的后人,禹的父亲。尧派他治水,他采用堵截河流的办法,失败后被处死。鄣:同"障",堵截。

修鲧之功①,契为司徒而民辑②,冥勤其官而水死③,汤以宽治民而除其邪④,稷勤百谷而山死⑤,文王以文昭⑥,武王去民之秽⑦。故有虞氏禘黄帝而祖颛顼⑧,郊尧而宗舜⑨;夏后氏禘黄帝而祖颛顼,郊鲧而宗禹;商人禘舜而祖契⑩,郊冥而宗汤;周人禘喾而郊稷,祖文王而

① 禹:姓姒,也称大禹、夏禹,一说名文命。因接受舜的命令治理洪水有功,成为舜的继承人,舜死后当部落联盟首领,他的儿子启建立中国第一个王朝夏朝。德:感激。 ② 契(xiè谢):传说的商朝始祖,帝喾之子。司徒:官名,主管教化。 ③ 冥(míng明):契的六世孙,夏朝水官。水死:因忠于职责在治水中死在水里。 ④ 汤:曾为夏朝的诸侯,后推翻夏朝末代王桀,建立商王朝,成为商王朝第一代王,又称成汤。邪:邪恶之人,指夏桀。 ⑤ 山死:周弃在勤播百谷中死在黑水之山。 ⑥ 文王:周文王昌。商朝末年周族的领袖,是商王朝的诸侯,曾经被商纣王囚禁在羑里,在被囚禁中对《周易》进行研究和发挥。昭:明亮。 ⑦ 武王:名发,是周文王的儿子。文王死后,发联合诸侯在牧野之战中打败纣王,建立西周王朝。秽:罪恶之人,指纣王。 ⑧ 有虞氏:舜的后人。有虞氏是黄帝、颛顼的后裔。禘(dì帝):祭祀名。古代天子祭祀祖先的大祭,即在始祖庙里祭祀始祖所自出之帝,以始祖配祀。祖:祭祀名,古代天子祭祀始祖的祭祀。禘、祖都用作动词。 ⑨ 郊尧:郊祀天时以尧配天进行祭祀。郊,祭祀名,是古代天子在郊外祭祀天的祭祀。宗:祭祀名。古代天子祭祀族长的祭祀。郊、宗也用作动词。 ⑩ 舜:据韦昭解,"舜"是"喾"的错字,即商朝应禘喾。

宗武王；幕①，能帅颛顼者也②，有虞氏报焉③；杼④，能帅禹者也，夏后氏报焉；上甲微⑤，能帅契者也，商人报焉；高圉、大王⑥，能帅稷者也，周人报焉。凡禘、郊、祖、宗、报，此五者国之典祀也。

"加之以社稷山川之神⑦，皆有功烈于民者也；及前哲令德之人，所以为明质也⑧；及天之三辰，民所以瞻仰也；及地之五行⑨，所以生殖也；及九州名山川泽，所以出财用也。非是不在祀典。

"今海鸟至，己不知而祀之，以为国典，难以为仁且智矣。夫仁者讲功，而智者处物。无功而祀之，非仁也；不知而不能问，非智也。今兹海其有灾乎？夫广川之鸟兽，恒知避其灾也。"

是岁也，海多大风，冬暖。文仲闻柳下季之言，曰："信吾过也，季子之言不可不法也。"使书以为三策⑩。

---

①幕：舜的后人虞思，是夏的诸侯。 ②帅：遵循。 ③报：祭祀名。一种报德的祭祀。 ④杼（zhù柱）：季杼，夏王少康之子，复兴夏朝政治。 ⑤上甲微：是商代祖先契的八世孙，汤的先人。上甲微父王亥被有易氏杀死抢走牛羊，他为父报仇夺回牛羊，有功于商族发展。 ⑥高圉（yǔ雨）：后稷的第十世孙，周族的首领。大（tài太）王：即古公亶父，高圉的曾孙，文王的祖父。 ⑦社稷：指以上土神、谷神。 ⑧质：信实。 ⑨五行：金、木、水、火、土。 ⑩策：通"策"，用竹简写成的书。三策，写成三份竹简，给司马、司徒、司空各一份保存。

【翻译】

　　一只海鸟叫做"爰居"的,落在鲁国城东门外已经三天了,鲁国执政卿臧文仲叫都城里的人祭祀它。展禽说:"臧孙管理国政真是迂阔啊！祭祀,是国家的重要的决定;而且这种决定才能使国政得以推行。所以应该慎重地制定祭祀什么作为国家的大典。现在无缘无故就增加大典,不是处理政事所该做的。

　　"圣王制定祭祀的原则是,凡是能够给百姓定立规章制度的就祭祀他,为国事辛勤而死的就祭祀他,用劳绩安定国家的就祭祀他,能够抵御重大灾难的就祭祀他,能够解除百姓严重祸患的就祭祀他。不属于以上五类人,是不能列在祀典之中的。从前烈山氏领有天下的时期,他的儿子叫柱,能够种植各种谷物和蔬菜;到夏朝兴盛起来的时期,因为周弃继承了柱的事业,所以把他当作谷神进行祭祀。共工氏称霸九州时,他的儿子叫后土,能够平定九州的土地,所以把他当作土神进行祭祀。黄帝能够给各种事物起名,让百姓明了共同占有山泽财富,颛顼能继续发展这一事业。帝喾能够按日、月、星辰的运行规律制定季节变化的顺序,教百姓安心从事农业生产,尧尽力使刑法公平借以保护百姓,舜为给百姓做事死在荒野里,鲧用堵截洪水的方法治水失败被处死,禹却能用感激的态度接受鲧的教训改进鲧的治水功业,契当司徒教化百姓使百姓和睦,冥为尽他水官的职责竟死在水中,商汤施行宽松政策对待百姓并且除掉夏桀的残暴统治,后稷为播种各种谷物劳累死在山上,周文王以文德昭著,周武王铲除了百姓厌恶的殷纣王。所以有虞氏禘祭黄帝,祖祭颛顼,郊祭尧,宗祭舜;夏后氏禘祭黄帝,祖祭颛顼,郊祭鲧,宗祭禹;商人禘祭舜,祖祭契,郊祭冥,宗祭汤;周人禘祭喾,郊祭稷,祖祭文王,宗祭武王。幕,是能遵循颛顼功业的人,有虞氏对他进行报祭;杼,是能遵循禹的功业的人,夏后氏对他进行报祭;上甲微是能遵循契的功业的人,商人对他进行报祭;高圉、大王是能遵循稷的功业的人,周人对他进行报祭。所有禘、郊、祖、宗、报这五种是国家按规定举行的大祭。

"此外再加上祭祀土地、五谷和山河的神,因为都是对百姓有功德的;以及祭祀前代的圣哲、德行高尚的人,是由于百姓纪念他们;祭祀天上的日、月、星辰,是因为百姓观察它们去做各种事情;祭祀大地上的金、木、水、火、土五行,是因为用它们进行生存繁殖;祭祀九州名山江河,是用它们生产财物器用。除了这些之外,其它的事与物不能列在祭祀的规章里。

"现在海鸟飞来,自己弄不清楚什么原因就祭祀它,还要作为国家祭典,这就难以把这种做法当作仁爱和明智的行为。仁爱的人是讲究功绩的,明智的人是会处理事物的。没有功绩就去祭祀,不算是仁爱行为;不知什么原因并且不能向别人询问,不是明智作法。现在大海恐怕要发生灾害了吧?那广阔海域里的鸟兽,常常预知躲避海上发生的灾难。"

这一年,海上常有大风,冬天又过于暖和。文仲听到柳下季讲的话,说:"这的确是我错了,季子说的话不能不认真照着做啊。"便吩咐人把季子的话写了三份简册,送给司马、司徒、司空三卿保存。

里革更书逐莒太子仆

鲁国太史里革改写了鲁宣公封给莒太子仆采邑的命令,赶走了太子仆,惹恼了宣公,被抓来问罪。里革说他是为了不使国君当窝主,才冒死改写的。宣公被感动,承认了自己的贪心,赦免了里革擅改命令的罪过。这个故事突出了里革豁出性命维护原则,不为坏人利用的正义行动。

莒太子仆弑纪公①,以其宝来奔。宣公使仆人以书命季文子曰②:"夫莒太子不惮以吾故杀其君③,而以其宝来,其爱我甚矣。为我予之邑。今日必授,无逆命矣。"里革遇之而更其书曰④:"夫莒太子杀其君而窃其宝来,不识穷固又求迩⑤,为我流之于夷。今日必通⑥,无逆命矣。"明日,有司复命⑦,公诘之⑧,仆人以里革对。公执之,曰:"违君命者,女亦闻之乎⑨?"对曰:"臣以死奋笔,奚啻其闻之也⑩!臣闻之曰:'毁则者为贼,掩贼者为藏,窃宝者为宄⑪,用宄之财者为奸⑫。'使君为藏奸者,不可不去也。臣违君命者,亦不可不杀也。"公曰:"寡人实贪,非子之罪。"乃舍之。

---

① 莒(jǔ举):国名,己姓,子爵,在今山东莒县。纪公:莒国的纪公,名庶其。纪公立仆作为太子,后又生季佗(tuō托),因偏爱季佗便废除了仆,还在国内有许多无礼行为,仆联合国人杀了纪公。 ② 宣公:鲁宣公倭(wēi威),公元前608—前591年在位。仆人:官名。季文子:即季孙行父,鲁国的正卿。 ③ 惮:怕。 ④ 里革:名克,鲁国太史。 ⑤ 穷固:穷凶顽固。 ⑥ 通:通达,指照办不误。 ⑦ 有司:管事的人,这里指司寇,掌管刑狱、纠察等事。 ⑧ 诘(jié结):追问。 ⑨ 女(rǔ乳):你,这一意义后来写作汝。 ⑩ 奚啻(xī chì希翅):何止,岂但。 ⑪ 宄(guǐ轨):内奸。 ⑫ 奸:外奸。

【翻译】

　　莒国被废掉的太子仆杀了他的父亲纪公，带着他父亲的宝物跑来鲁国。鲁宣公吩咐仆人带着自己的亲笔信命令季文子说："莒太子不怕为了我杀了他的国君，并且携带国君的宝物投奔到鲁国来，可见他是非常爱我的了。替我封给他采邑。今天就要给他，不得违抗命令。"里革碰到仆人，把书信的内容改写为："那个莒太子杀了他的国君，并偷了国君的宝物来鲁国，他不仅认识不到自己的穷凶顽固还想靠近我们，替我把他放逐到东夷化外之地。今天一定要照办，不得违抗命令。"第二天，司寇来报告说已把莒太子赶出鲁国，宣公问他为什么要这样做，仆人便把里革改写命令内容的事报告宣公。宣公立即派人把里革抓来，问他说："违犯国君命令的人该犯什么罪，你也听说过吧？"里革回答说："我是豁出命来改写命令，岂止是听说要犯什么罪！我还听说：'破坏法则的人是贼，掩护贼的人是窝主，偷窃宝物的人是内奸，用内奸宝物的人是外奸。'对要陷害国君您成为藏奸的人，我是不能不把他赶走的。我是违犯君主命令的人，也不能不处死。"宣公对他说："我确实有贪心，不是你的罪过。"于是就把里革释放了。

里革断宣公罟而弃之

　　鲁宣公贪得无厌，不按时令捕鱼，被里革割破鱼网强行劝告。里革阐述了古人从实践中总结出来的保护自然资源的各种规定，鲁宣公虚心地接受了批评，并表示牢记不忘。本文除强调里革勇敢批评国君，和鲁宣公虚心改正错误的精神可嘉之外，更为重要的是里革讲述了两千多年前中国保护生物繁殖以保持生态平衡的做法，这是世界上最早的保持生态平衡的宝贵言论，体现了中国古代文明的一个侧面。

宣公夏滥于泗渊①,里革断其罟而弃之②,曰:"古者大寒降③,土蛰发④,水虞于是乎讲罛罶⑤,取名鱼⑥,登川禽⑦,而尝之寝庙⑧,行诸国,助宣气也⑨。鸟兽孕,水虫成,兽虞于是乎禁置罗⑩,矠鱼鳖以为夏犒⑪,助生阜也。鸟兽成,水虫孕,水虞于是禁置罜𫊍⑫,设阱鄂⑬,以

---

① 滥:沉浸,这里指把鱼网下到河里。泗:泗水,在山东中部,发源于泗水县东蒙山南麓,流经曲阜、兖州折而南至济宁东南入运河。渊:水深处。　② 罟(gǔ 古):鱼网。　③ 大寒:二十四节气之一,在夏历十二月,是一年中最冷的时期。降:来临,以后。　④ 蛰发:蛰伏过冬的动物开始活动。蛰(zhé 哲),动物潜伏在土中或洞中冬眠,不食不动的状态。发,指冬眠过后动物开始活动。　⑤ 水虞:指掌管川泽禁令的官员。讲:讲习,训练。罛(gū 姑):大鱼网。罶(liǔ 柳):捕鱼的竹笼。　⑥ 名鱼:大鱼。名,大。　⑦ 登:通"得",得来的意思,是古代山东方言。川禽:鳖蛤一类水生动物。　⑧ 尝:祭祀名。给祖先供奉新收获的谷物、禽鱼、果品等,叫做尝新。寝庙:宗庙中藏衣冠的寝和接神处的庙的合称,这里是指供奉祖先。　⑨ 宣气:疏通阳气。　⑩ 兽虞:指掌管鸟兽的官员。置(jū 居):捕兔的网。罗:捕鸟的网。　⑪ 矠(zé 择):用矛刺取物,即用鱼叉刺中大的鱼鳖。犒:《国语》公序本作"槁",干枯之意,指鱼干。　⑫ 罜𫊍(zhǔ lù 主鹿):小鱼网。　⑬ 阱(jǐng 井):捉动物的陷坑。鄂:捕捉动物的工具,又叫柞格。即在陷坑里竖立柞树枝,野兽掉进足不能着地,跳不出来。

实庙庖①，畜功用也。且夫山川不槎蘖②，泽不伐夭③，鱼禁鲲鲕④，兽长麑䴠⑤，鸟翼鷇卵⑥，虫舍蚳蝝⑦，蕃庶物也，古之训也。今鱼方别孕⑧，不教鱼长，又行网罟，贪无艺也⑨。"

公闻之曰："吾过而里革匡我⑩，不亦善乎！是良罟也，为我得法。使有司藏之，使吾无忘谂⑪。"师存侍⑫，曰："藏罟不如置里克于侧之不忘也。"

【翻译】

鲁宣公夏天在泗水深处撒网捕鱼，里革看到后割断鱼网并把它扔掉，说："古时候大寒过后，在地里蛰伏过冬的动物开始活动，掌管水产的官员就给人们讲习使用鱼网和捕鱼工具，让人们在河里捞出大鱼，抓住鳖蛤，祭祀宗庙，然后就叫全国捞抓，用以帮助阳气的生发。当

---

① 庙庖：宗庙里的庖厨。 ② 槎（chá 察）：砍伐。蘖（niè 聂）：树木的嫩芽。 ③ 夭（ǎo 袄）：兼指刚出生的禽兽和初生的草木，这里是指初生的草木。 ④ 鲲（kūn 昆）：鱼子。鲕（ér 而）：小鱼。 ⑤ 麑（ní 尼）：幼鹿。䴠（yǎo 咬）：幼麋，小四不象。 ⑥ 鷇（gòu 够）：待哺食的雏鸟。 ⑦ 蚳（chí 迟）：蚁卵。古代用蚳做酱吃。蝝（yuán 原）：未生翅的蝗的幼虫，也可以做酱吃。 ⑧ 别孕：鱼交配后，母鱼怀子离开公鱼。 ⑨ 艺：限度。 ⑩ 匡：纠正。 ⑪ 谂（shěn 审）：规谏，忠告。 ⑫ 存：乐师的名字。

鸟兽怀孕,水族动物长成以后,掌管动物的官员禁止人们撒放捕兽捉鸟的网罗,却允许用鱼叉刺抓长成的鱼鳖当作夏天食用的鱼干,这样做是为了让鸟兽多繁殖。当鸟兽长成后,水族动物产卵,掌管水产的官员就禁止用小眼鱼网捞小鱼,只设陷阱用捉兽工具捕捉野兽,这样做是为了增多宗庙的供品,畜养鱼鳖增加财用。而且在山上不应砍伐树的嫩幼枝条,在草泽地里不应割初生的草木,禁止捞鱼子抓小鱼,让幼鹿幼麋长大,使鸟孵卵哺成幼雏,不捉蚁卵、蝗子吃,以便繁殖各种生物,是自古以来的教导。现在鱼刚分群怀子,却不让鱼长大,又要撒网打捞,真是贪到极点了。"

　　宣公听到里革的这番话,说:"我犯了过错,里革给我纠正,不也很好吗!这实在是一张好网啊,它为我换来了一个应该怎样对待生物的方法。叫管事人把它保存起来,让我永远忘不了里革的忠告。"这时师存正在陪同宣公,插嘴说:"保存鱼网,不如把里革总留在身边,更不容易忘掉他的忠告。"

里革论君之过

晋国栾书等人杀了晋厉公的消息传到鲁国后,鲁成公问大夫们臣杀国君是谁的过错?里革说是国君的过错,并认为国君如果不对百姓施行仁政,非灭亡不可,历代暴君的下场都是一样的。这样严厉抨击暴君,是有进步意义的。他说国君是川泽,百姓只能跟着走,好坏都由国君决定,是在强调国君对民众负有重大责任。如不能行仁政便要灭亡,是对国君敲响的警钟。

晋人杀厉公①，边人以告②，成公在朝③。公曰："臣杀其君，谁之过也？"大夫莫对，里革曰④："君之过也。夫君人者，其威大矣。失威而至于杀，其过多矣。且夫君也者，将牧民而正其邪者也⑤，若君纵私回而弃民事⑥，民旁有慝无由省之⑦，益邪多矣。若以邪临民，陷而不振，用善不肯专，则不能使，至于殄灭而莫之恤也⑧，将安用之？桀奔南巢⑨，纣踣于京⑩，厉流于彘，幽灭于戏⑪，皆是术也⑫。夫君也者，民之川泽也。行而从之，美恶皆君之由，民何能为焉。"

① 晋人：指晋卿栾书、中行偃。栾书、中行偃于公元前573年使程滑杀了晋厉公。　② 边人：防守边境的官员。　③ 成公：鲁宣公之子黑肱，公元前590—前573年在位。　④ 里革：名克，鲁国太史。　⑤ 牧民：治理百姓。　⑥ 回：邪僻，不正当。　⑦ 旁：普遍，广泛。慝(tè 特)：邪恶。　⑧ 殄(tiǎn 舔)灭：灭亡，颠覆。恤：顾惜，同情。　⑨ 桀(jié 杰)：夏朝末代国王，暴君，一般称为夏桀。南巢：地名，在今安徽巢湖西南。　⑩ 纣(zhòu 宙)：殷朝末代国王，暴君，一般称为殷纣。踣(bó 博)：灭亡。京：指殷朝京城朝(zhāo 招)歌，在今河南淇县。　⑪ 幽：西周幽王。戏：地名，即戏亭，在今陕西临潼东北戏水西岸，又叫幽王城。相传幽王宠爱褒姒，在此举烽火戏弄诸侯，后被犬戎打败在这里被杀。　⑫ 术：道路，方法。

【翻译】

　　晋国人杀了晋厉公,防守边境的官员把这个消息报告给鲁国朝廷,正好鲁成公在朝堂上。成公说:"臣子杀了他的国君,是谁的过错呢?"大夫们没有人回答,里革回答说:"这是国君的过错。当国君的人,他的威严是极大的。他完全丧失威严直到被杀死,是由于他犯的过错太多造成的。而且做国君的,是治理百姓并且要去掉百姓不正当行为的。倘若国君随便胡作非为不管百姓的事情,百姓中到处发生邪恶的事情没有人去察明,就会使邪恶更加增多。假如用不正当行为对待百姓,政事败坏不能自拔,不肯专一地施行仁政,就不能支配百姓,到了灭亡的地步也没人顾惜他,那么要国君还有什么用呢?夏桀逃到南巢,殷纣被消灭在京师朝歌,周厉王被流放到彘地,周幽王被杀在戏亭,都是走的这一条道儿。国君,好比是百姓们的川泽。百姓的一举一动跟着他,好坏都由国君决定,百姓能起什么作用呢?"

季文子论妾马

本文对一人之下万人之上的相国,生活应该俭朴还是应该讲排场展开了争论,结果年轻的仲孙它接受了两朝元老季文子的教育,认识到只有过俭朴的生活,才能培养出高尚道德品质,为国增光。这说明季文子知道,脱离百姓的生活水平讲排场,必遭人民反对,只有提高道德品质,管理好国家,才能得到人民的支持。

季文子相宣、成①,无衣帛之妾,无食粟之马。仲孙

---

① 季文子:季孙行父,鲁卿。宣、成:鲁宣公、鲁成公。宣公,鲁宣公倭,公元前608—前591年在位。成公,鲁宣公之子黑肱,公元前590—前573年在位。

它谏曰①:"子为鲁上卿,相二君矣,妾不衣帛,马不食粟,人其以子为爱②,且不华国乎③!"文子曰:"吾亦愿之。然吾观国人,其父兄之食粗而衣恶者犹多矣,吾是以不敢。人之父兄食粗衣恶,而我美妾与马,无乃非相人者乎!且吾闻以德荣为国华,不闻以妾与马。"

文子以告孟献子④,献子囚之七日。自是,子服之妾衣不过七升之布⑤,马饩不过稂莠⑥。文子闻之,曰:"过而能改者,民之上也。"使为上大夫。

【翻译】

季文子当过鲁宣公、鲁成公两代国君的相,但是家里没有穿丝绸衣服的妾,没有喂粮食的马。仲孙它就劝季文子说:"您是鲁国的上卿,当了两代国君的相,妾不穿丝绸衣服,马不吃粮食,人们将会认为您是吝啬,而且对鲁国也不够光彩呀!"文子回答他说:"我也愿意叫妾穿上丝绸衣服,马能吃到粮食。不过我看到百姓们,他

---

① 仲孙它:即子服它,孟献子的儿子,鲁国大夫。 ② 爱:吝啬,舍不得。 ③ 华:光彩,荣华。 ④ 孟献子:仲孙蔑,鲁卿。 ⑤ 七升之布:八十缕为升,上朝穿的朝服用十五升布制作。七升之布不及朝服之半,是指粗布。 ⑥ 饩(xì戏):马饲料。稂莠(láng yǒu 郎有):形似禾苗的一种有害农作物的草,可做马饲料。

们的父兄吃穿粗恶的还多着哩,我因此不敢那样做。人家父兄吃穿得那样粗恶,我却把妾和马养得那样美,这就不成为国君的相了!而且我听说德行高尚才能给国家增加光彩,却没有听说用妾和马能给国家增加光彩的。"

　　文子把这件事告诉了仲孙它的父亲孟献子,孟献子把仲孙它关押了七天。从此以后,子服的妾穿的不过是粗布衣,马的饲料也不过是野草。文子听到后感叹地说:"犯了过错能改正的人,才能当人上人。"便叫子服当了上大夫。

鲁语下

公父文伯之母论劳逸

贵族寡妇敬姜为教育儿子,讲述从天子到各级官员都要辛勤从政,劳动人民要终日劳动,用以批评儿子贪图安逸的思想。这对防止后代放纵腐化,是很有意义的,为历代统治阶级所重视。她说的"君子劳心,小人劳力",表现了她重视统治阶级的政治活动轻视劳动人民体力劳动的思想。这种思想后来被孟子发展为"劳心者治人,劳力者治于人",成为统治阶级压迫劳动人民的理论根据。

公父文伯退朝①，朝其母②，其母方绩③。文伯曰："以歜之家而主犹绩④，惧干季孙之怒也⑤，其以歜为不能事主乎！"

其母叹曰："鲁其亡乎！使僮子备官而未之闻耶⑥？居，吾语女。昔圣王之处民也，择瘠土而处之，劳其民而用之，故长王天下。夫民劳则思，思则善心生；逸则淫，淫则忘善，忘善则恶心生。沃土之民不材，逸也；瘠土之民莫不向义，劳也。是故天子大采朝日⑦，与三公、九卿祖识地德⑧；日中考政，与百官之政事，师尹维旅、牧、相

---

① 公父文伯：即公父歜(chù 触)，鲁国大夫。 ② 朝：古时臣下进见国君叫朝，儿子进见父母也叫朝。 ③ 绩(jī 几)：纺麻。 ④ 歜：公父歜，即公父文伯。 ⑤ 干(gān 干)：触犯。季孙：即季孙肥，鲁国的正卿。 ⑥ 僮：未成年的男子，这一意义后来写作"童"。备官：当官。 ⑦ 大采：五彩礼服。朝日：朝拜日神，指天子每年春分日身穿五彩礼服朝拜太阳。 ⑧ 三公：周朝辅佐天子掌管军政大权的太师、太傅、太保称为三公。九卿：周朝中央政府的九个高级官员少师、少傅、少保、冢宰、司徒、宗伯、司马、司寇、司空称为九卿。他们的地位在三公之下。祖：熟习。地德：大地对人的恩德。此指地上种植各种谷物情况。

宣序民事①；少采夕月②，与太史、司载纠虔天刑③；日入监九御④，使洁奉禘、郊之粢盛⑤，而后即安。诸侯朝修天子之业命，昼考其国职，夕省其典刑，夜儆百工，使无慆淫⑥，而后即安。卿大夫朝考其职，昼讲其庶政，夕序其业，夜庀其家事⑦，而后即安。士朝受业，昼而讲贯，夕而习复，夜而计过无憾，而后即安。自庶人以下，明而动，晦而休，无日以怠。

"王后亲织玄紞⑧，公侯之夫人加之以纮、綖⑨，卿之

---

① 师尹：大夫官。维：与，和。旅：众多的士。牧：州牧，地方长官。相：国相。宣序：普遍、次第。 ② 少采：三彩礼服。较朝拜日神礼服低一等。夕月：天子在秋分夜里祭祀月神。夕，夜里祭祀。 ③ 太史：观察天象制定历法和掌管记录的官。司载：主管天文的官。纠虔天刑：恭敬地观察天上的征兆。纠，恭敬。虔，虔诚。天刑，天上显示出的吉凶的现象。 ④ 九御：即九嫔，是天子宫内各种女官，主管祭品和祭服等。 ⑤ 禘：古代天子祭祀祖先的大祭。郊：古代天子在郊外祭祀天的祭祀。粢盛(zī chéng 资成)：装在祭器中供祭祀用的谷物。 ⑥ 慆(tāo 滔)淫：怠惰放纵。 ⑦ 庀(pǐ 痞)：治理。 ⑧ 紞(dǎn 胆)：帝王冠冕上用以系瑱(tiàn 天去声，垂在两侧塞耳的玉)的黑带子。 ⑨ 纮(hóng 洪)：冠冕上的带子，由颔下挽上系在笄的两端。綖(yán 延)：覆在冠冕上的装饰。

内子为大带①,命妇成祭服②,列士之妻加之以朝服③,自庶士以下④,皆衣其夫。社而赋事⑤,蒸而献功⑥,男女效绩,愆则有辟⑦,古之制也。君子劳心,小人劳力,先王之训也。自上以下,谁敢淫心舍力?今我,寡也,尔又在下位⑧,朝夕处事,犹恐忘先人之业。况有怠惰,其何以避辟!吾冀而朝夕修我曰⑨:'必无废先人。'尔今曰:'胡不自安。'以是承君之官,余惧穆伯之绝嗣也⑩。"仲尼闻之曰⑪:"弟子志之,季氏之妇不淫矣。"

【翻译】

公父文伯从朝堂回来,朝见他的母亲,他的母亲正在纺麻。文伯说:"像我这样的家,您还要纺麻,恐怕会触犯季孙氏生气,他会认为我不能服事您吧!"

他的母亲叹息地说:"鲁国大概快要败亡了吧!叫

---

① 内子:卿的嫡妻。大带:黑色丝质的束腰带。 ② 命妇:大夫的妻。祭服:祭祀用的礼服。 ③ 列士:元士,上士。天子的士称为元士,以区别于诸侯的士。 ④ 庶士:下士。 ⑤ 社:指春分日祭祀土地神。赋事:指布置农桑一类生产事务。 ⑥ 蒸:祭祀名,冬天的祭祀叫蒸。献功:献上生产出来的五谷布帛等。 ⑦ 愆(qiān 千):罪过,过失。此指犯过错。辟(bì 必):罪过,惩罚。 ⑧ 下位:指大夫,地位在卿之下。 ⑨ 而:你。 ⑩ 穆伯:即公父穆伯,敬姜的丈夫,公父文伯的父亲。 ⑪ 仲尼:孔丘的字。

你这样的孩子当官怎么却不明白当官的事理呢？你坐下来，我跟你谈谈。从前圣王安置百姓，选择瘠薄的土地叫他们居住，让百姓辛勤劳苦才好使用，所以能长久统治天下。百姓经过劳苦就会想到节约，想到节约就能产生善心；安逸了就要放荡，一放荡就会丧失善心，丧失善心就会滋长坏心。居住在肥沃土地上的百姓出不了有才干的人，这是因为安逸的缘故；居住在瘠薄土地上的百姓没有人不向往道义的，这是由于劳苦的缘故。因此天子每年在春分这一天要穿上五彩礼服朝拜日神，和三公、九卿熟悉了解五谷的种植情况；中午视察朝政，以及各种官吏管的政事，那些大夫官和很多的士、地方长官、相国等，全面安排百姓的事情；每年秋分这一天天子穿上三彩礼服夜间祭祀月神，和太史、司载恭敬虔诚地观察星空显出的征兆；日落以后监督九嫔，让她们弄干净举行禘祀、郊祀的祭品，然后才安歇。诸侯早晨要处理天子下达的任务和命令，白天要考察自己邦国里的事务，傍晚要检查法令执行的情况，夜里要告诫百官，叫他们不要怠惰放荡，然后才能安歇。卿大夫们早上要考察他的职责，白天谋划各种政事，傍晚要检查一天办的事务，夜里要处理家中私事，然后才能安歇。士人早上接受任务，白天讲习，晚上复习，夜间反省自己有无过失，如果没有憾事，然后才敢安歇。平民百姓以下各等人，天亮干活,天黑休息,没有一天可以怠惰的。

"王后亲自织玄纮,公侯夫人除织玄纮外还要织纮和綖,卿的妻子做大带,大夫的妻子们做祭服,元士们的妻子还要加做朝服,下士以下的妻子,都要给丈夫做衣服。春分祭祀土地神时布置农桑耕种事务,冬天蒸祭时献上劳动果实,男女尽力做出成绩,犯了过错就要处罚,这是古来定下的制度。君子操心力,小人用体力,这是先王留下来的教导。所以从上到下,谁敢不用心出力?现今,我是寡妇,你又处在卿以下的职位,即使从早到晚认真办事还恐怕忘掉先人的业绩。更何况怠慢懒惰,怎么能够逃避法纪呢!我原希望你早晚劝勉我说:'一定不要废掉先人的业绩。'可你现在却说:'为什么不自寻安乐。'用这种思想来当国君的官,我害怕穆伯会断绝继承人的。"仲尼听到敬姜的话,说道:"弟子们要牢记住她的话,季氏家的妇人是不图安逸的。"

齐　语

管仲对桓公以霸术

　　齐桓公经鲍叔牙竭诚推荐，不记旧仇把管仲从鲁国接回，并虚心向他请教振兴齐国的办法。管仲提出，若想称霸诸侯，必须进行认真改革：一是把都城和郊野组织起来，二是划分出士、农、工、商的居住区域，三是使士、农、工、商做好各自的事业。并在这个基础上通过寓兵于农，建立一支强大的军事力量。由于寓兵于农，居民组织和军队编制一致，兵士之间能亲密合作，战斗力强，可用来征服诸侯称霸天下。管仲的改革，为齐桓公称霸奠定了基础。管仲的言论在《左传》中记载极为简略，《齐语》里却颇为详尽，是研究管仲辅佐齐桓公称霸的主要原始资料,相当可贵。

桓公自莒反于齐①,使鲍叔为宰②。辞曰:"臣,君之庸臣也。君加惠于臣,使不冻馁,则是君之赐也。若必治国家者,则非臣之所能也。若必治国家者,则其管夷吾乎③。臣之所不若夷吾者五:宽惠柔民,弗若也;治国家不失其柄④,弗若也;忠信可结于百姓,弗若也;制礼义可法于四方,弗若也;执枹鼓立于军门⑤,使百姓皆加勇焉,弗若也。"桓公曰:"夫管夷吾射寡人中钩⑥,是以滨于

① 桓公:齐桓公,名小白。公元前685—前643年在位。齐太公后人,姜姓,齐僖公之子,襄公之弟。齐襄公时政治混乱,鲍叔牙和公子小白预知齐国将会发生变乱,就一起逃往莒国。后来齐国的公孙无知杀了襄公,自立为君。管仲、邵忽和公子纠逃到鲁国。齐国人杀了公孙无知以后,小白遂由莒回齐。鲁也护送公子纠回国,又使管仲带兵截击小白。管仲射中小白的带钩,小白装死,暗自回到齐国,当了国君,派兵打败鲁国军队。自莒反于齐:事在公元前685年。莒:国名,己姓,子爵,在今山东莒县。反:回来。这一意义后来写作"返"。 ② 鲍叔:鲍叔牙,齐国大夫。宰:太宰,辅佐君主治理国政的官。 ③ 管夷吾:即管仲,名夷吾,字仲,齐桓公的相。 ④ 柄:根本,权柄。 ⑤ 枹(fú 浮):"桴"的另一种写法,鼓槌。军门:营门。 ⑥ 钩:带钩,束在腰间皮带上的钩。

死①。"鲍叔对曰:"夫为其君动也②。君若宥而反之③,夫犹是也。"桓公曰:"若何?"鲍子对曰:"请诸鲁。"桓公曰:"施伯④,鲁君之谋臣也,夫知吾将用之,必不予我矣。若之何?"鲍子对曰:"使人请诸鲁,曰:'寡人有不令之臣在君之国⑤,欲以戮之于群臣,故请之。'则予我矣。"桓公使请诸鲁,如鲍叔之言。

庄公以问施伯⑥,施伯对曰:"此非欲戮之也,欲用其政也。夫管子,天下之才也,所在之国,则必得志于天下。令彼在齐,则必长为鲁国忧矣。"庄公曰:"若何?"施伯对曰:"杀而以其尸授之。"庄公将杀管仲,齐使者请曰:"寡君欲亲以为戮,若不生得以戮于群臣,犹未得请也。请生之。"于是庄公使束缚以予齐使,齐使受之而退。

比至,三衅、三浴之⑦。桓公亲逆之于郊⑧,而与之坐而问焉,曰:"昔吾先君襄公筑台以为高位⑨,田、狩、

---

① 滨:通"濒",临近。 ② 动:据汪远孙《国语明道本考异》(以下简称《考异》)卷二引洪颐煊说:"'动'当为'勤'字之误也。"勤,勤劳,服务。 ③ 宥(yòu又):赦罪。 ④ 施伯:鲁国大夫。 ⑤ 不令之臣:不听命令的臣子,意即罪臣。 ⑥ 庄公:鲁庄公,鲁桓公之子。 ⑦ 衅:用香熏身。 ⑧ 逆:迎接。 ⑨ 襄公:齐襄公,公元前697—前686年在位。

罼、弋①，不听国政，卑圣侮士，而唯女是崇。九妃、六嫔②，陈妾数百，食必粱肉，衣必文绣。戎士冻馁③，戎车待游车之裂④，戎士待陈妾之余。优笑在前⑤，贤材在后，是以国家不日引，不月长，恐宗庙之不扫除，社稷之不血食⑥，敢问为此若何？"管子对曰："昔吾先王昭王、穆王，世法文、武远绩以成名，合群叟，比校民之有道者⑦，设象以为民纪⑧，式权以相应⑨，比缀以度⑩，䙌本肇末⑪，劝之以赏赐，纠之以刑罚，班序颠毛⑫，以为民纪统。"桓公曰："为之若何？"管子对曰："昔者，圣王之治天

齐语

---

① 田：打猎，这个意义后来写作"畋"。狩：冬天打猎。罼(bì 毕)：捕捉野鸡山兔的网，这里指用网捕捉野鸡山兔。弋(yì 亦)：用绳系箭而射，既不丢箭，又可以把猎物取回。② 九妃：诸侯有九妃，超越规定，说明荒淫。妃，诸侯王的正妻。嫔：女官。 ③ 戎士：将士。 ④ 裂：据《考异》卷二引《太平御览》作"裂"，因形近而误。裂，残破。 ⑤ 优：俳优。古代以乐舞戏谑为业的艺人。 ⑥ 血食：受祭祀。因祭祀须杀牲上供，故称血食。 ⑦ 比校(jiào 较)：比照考察。 ⑧ 象：即象魏，宫廷外面的阙门，在它上面悬挂法律条文，因而"象"引申为法令。 ⑨ 式：使用。权：平均。 ⑩ 缀：连接。度：法度。 ⑪ 䙌(zhuǎn 转)：均衡。肇：端正。 ⑫ 班序颠毛：按头发黑白排列次序。班，次序。序，排列。颠，头顶。毛，头发。

下也,参其国而伍其鄙①,定民之居,成民之事,陵为之终②,而慎用其六柄焉③。"

桓公曰:"成民之事若何?"管子对曰:"四民者④,勿使杂处,杂处则言咙⑤,其事易⑥。"公曰:"处士、农、工、商若何?"管子对曰:"昔圣王之处士也,使就闲燕⑦;处工,就官府;处商,就市井;处农,就田野。

"令夫士,群萃而州处⑧,闲燕则父与父言义,子与子言孝,其事君者言敬,其幼者言弟。少而习焉,其心安焉,不见异物而迁焉。是故其父兄之教不肃而成,其子弟之学不劳而能。夫是,故士之子恒为士。

"令夫工,群萃而州处,审其四时,辨其功苦⑨,权节其用⑩,论比协材⑪,旦暮从事,施于四方,以饬其子弟⑫,相语以事,相示以巧,相陈以功。少而习焉,其心安焉,不见异物而迁焉。是故其父兄之教不肃而成,其子弟之

---

① 参其国:即把都城分为三部分,组成三军。参,三。国,都城,此指城郊之内。伍其鄙:即把乡村五家组成一伍,互相保卫。伍,五。 ② 陵:坟墓。古时坟墓都叫陵,后来才只称皇帝坟墓为陵。 ③ 六柄:六种根本措施,指生、杀、贫、富、贵、贱。 ④ 四民:士、农、工、商。 ⑤ 咙(máng 忙):言语杂乱。 ⑥ 易:改变。 ⑦ 闲燕:清静。 ⑧ 萃:栖止。州:聚集。 ⑨ 功:质量坚美。苦:质量粗恶。 ⑩ 权:称量。节:估量。 ⑪ 论比:选择比较。论,通"抡",选择。协材:使材料软硬适度。协,和。 ⑫ 饬:教诲。

学不劳而能。夫是,故工之子恒为工。

"令夫商,群萃而州处,察其四时,而监其乡之资,以知其市之贾①,负、任、担、荷②,服牛、轺马③,以周四方,以其所有,易其所无,市贱鬻贵④,旦暮从事于此,以饬其子弟,相语以利,相示以赖⑤,相陈以知贾。少而习焉,其心安焉,不见异物而迁焉。是故其父兄之教不肃而成,其子弟之学不劳而能。夫是,故商之子恒为商。

"令夫农,群萃而州处,察其四时,权节其用,耒、耜、枷、芟⑥,及寒⑦,击藁除田⑧,以待时耕;及耕,深耕而疾耰之⑨,以待时雨;时雨既至,挟其枪、刈、耨、镈⑩,以旦暮从事于田野。脱衣就功,首戴茅蒲⑪,身衣袯襫⑫,霑体涂足,暴其发肤,尽其四支之敏⑬,以从事于田野。少

---

① 贾:价格。这一意义后来写作"价"。 ② 负:背东西。任:怀抱着。担:肩挑。荷:肩扛。 ③ 服牛:用牛拉车。轺(yáo尧):轻小便捷的马车。 ④ 鬻(yù育):卖。 ⑤ 赖:赢余,利润。 ⑥ 耒、耜(lěi sì 垒饲):古代耕地翻土的农具。耜,是耒耜的铲。耒,是耒耜的柄。枷(jiā加):连枷。一种手工脱粒农具。芟(shān山):大镰刀。 ⑦ 寒:大寒。二十四节气之一。 ⑧ 藁(gǎo稿):枯草。 ⑨ 耰(yōu优):农具名。形如锄头,用以打碎土块,平整土地。在这里做动词用。 ⑩ 枪:掘土除草的农具。刈(yì义):镰刀。耨:小手锄。镈(bó博):锄头。 ⑪ 茅蒲:即斗笠。 ⑫ 袯襫(bó shì 博式):蓑衣。 ⑬ 四支:人的上下肢。支,这一意义后来写作"肢"。

而习焉,其心安焉,不见异物而迁焉。是故其父兄之教不肃而成,其子弟之学不劳而能。夫是,故农之子恒为农,野处而不昵①。其秀民之能为士者,必足赖也。有司见而不以告,其罪五②。有司已于事而竣③。"

桓公曰:"定民之居若何?"管子对曰:"制国以为二十一乡④。"桓公曰:"善。"管子于是制国以为二十一乡:工、商之乡六⑤;士乡十五⑥,公帅五乡焉⑦,国子帅五乡焉⑧,高子帅五乡焉⑨。参国起案⑩,以为三官⑪,臣立三宰⑫,工立三族⑬,市立三乡⑭,泽立三虞⑮,山立三衡⑯。

桓公曰:"吾欲从事于诸侯,其可乎?"管子对曰:"未可,国未安。"桓公曰:"安国若何?"管子对曰:"修旧法,

---

① 昵(nì 溺):亲近。 ② 罪五:五种刑罚。五刑指墨(刺刻面额涂墨)、劓(yì 艺。割鼻)、剕(fèi 费。断足)、宫(割男子生殖器)、大辟(死刑)五种重刑。 ③ 已:完毕。竣:离开。 ④ 乡:管仲定制二千家为一乡。二十一乡,共四万二千家。 ⑤ 工、商之乡六:工、商各三乡,合计为六乡。工、商不当兵。 ⑥ 士乡十五:士和农共十五乡。士,军士。十五乡共三万人,成为三军。 ⑦ 公:指齐桓公。 ⑧ 国子:即国氏,齐国上卿。 ⑨ 高子:即高氏,齐国上卿。 ⑩ 参国起案:把国事分为三部分。案,界限。 ⑪ 三官:军中掌管鼓、军、旗三种发布军令的官。 ⑫ 三宰:三卿,掌管群臣事务的官。 ⑬ 三族:在工、商各三乡,各设三族官。 ⑭ 市:市井。 ⑮ 虞:掌管调查川泽大小和出产的官。 ⑯ 衡:掌管山林统一政令的官。衡,平衡。

择其善者而业用之①；遂滋民②，与无财，而敬百姓，则国安矣。"桓公曰："诺。"遂修旧法，择其善者而业用之；遂滋民，与无财，而敬百姓。国既安矣，桓公曰："国安矣，其可乎？"管子对曰："未可。君若正卒伍③，修甲兵，则大国亦将正卒伍，修甲兵，则难以速得志矣。君有攻伐之器，小国诸侯有守御之备，则难以速得志矣。君若欲速得志于天下诸侯，则事可以隐令④，可以寄政⑤。"桓公曰："为之若何？"管子对曰："作内政而寄军令焉。"桓公曰："善。"

　　管子于是制国："五家为轨，轨为之长⑥；十轨为里，里有司⑦；四里为连，连为之长；十连为乡，乡有良人焉⑧。以为军令：五家为轨⑨，故五人为伍⑩，轨长帅之；

---

① 业：继承或创新。　② 遂滋民：繁殖增加人口。遂，生育。滋，增加。　③ 正卒伍：整顿军队。按《周礼》以五人为伍，一百人为卒。管仲也制定以五人为伍，却以二百人为卒。　④ 隐令：隐藏起军令，以便暗中进行。　⑤ 寄政：把军令寓于政事中，不使邻国察觉。　⑥ 轨为之长：用轨中一人当轨长。　⑦ 里有司：在里设立一个"有司"。　⑧ 良人：乡大夫。　⑨ 五家为轨：五家组成一轨，是平时的居民组织。　⑩ 五人为伍：五家各出一人，组成一伍，出外作战。把军队组织建立在居民组织中，这就是"隐令"、"寄政"。

十轨为里,故五十人为小戎①,里有司帅之;四里为连,故二百人为卒,连长帅之;十连为乡,故二千人为旅,乡良人帅之;五乡一帅,故万人为一军,五乡之帅帅之②。三军,故有中军之鼓,有国子之鼓,有高子之鼓。春以蒐振旅③,秋以狝治兵④。是故卒伍整于里,军旅整于郊。内教既成,令勿使迁徙⑤。伍之人祭祀同福⑥,死丧同恤,祸灾共之。人与人相畴⑦,家与家相畴,世同居,少同游。故夜战声相闻,足以不乖;昼战目相见,足以相识。其欢欣足以相死。居同乐,行同和,死同哀。是故守则同固,战则同强。君有此士也三万人,以方行于天下⑧,以诛无道⑨,以屏周室⑩,天下大国之君莫之能御。"

【翻译】

齐桓公从莒国回到齐国当了国君后,就任命鲍叔当太宰,鲍叔辞谢说:"我,是国君的一个平庸臣子。国君

---

① 小戎:兵车。为里有司所乘,故称小戎。春秋以前一辆戎车有步卒七十二人,管仲改为一辆戎车为五十人。 ② 五乡之帅:五乡的统帅是卿,共统帅一军(一万人)。 ③ 蒐(sōu 搜):打猎。春猎为蒐。振旅:整顿军队。 ④ 狝(xiǎn 显):秋猎。秋猎叫狝。治兵:练兵。 ⑤ 迁徙:更改。 ⑥ 福:指祭神的酒肉。 ⑦ 畴:同处,交往。 ⑧ 方行:横行。 ⑨ 诛:惩罚,讨伐。 ⑩ 屏(píng 平):障蔽,保卫。

给我恩惠,不叫我挨冻受饿,就是您对我的恩赐了。如果要治理国家,那不是我所能做到的。如果要治理国家,那大概就只有管夷吾了吧。我不如管夷吾有五点:对百姓宽和关怀使他们安居乐业,我不如他;治理国家抓住根本,我不如他;用忠诚信义取得百姓的信任,我不如他;制定礼法道德规范成为全国行为的准则,我不如他;在营门击鼓指挥战争,使百姓勇气倍增,我不如他。"桓公说:"那个管仲射中了我的带钩,使我险些丧命。"鲍叔对他解释说:"管仲那是为他的主子出力。您倘若赦免他的罪过让他回到齐国,他也会为您出力的。"桓公问:"怎么叫他回来呢?"鲍叔回答说:"请求鲁国把他给我们。"桓公说:"施伯,是鲁君有智谋的大臣,他知道我们要用管夷吾,一定不会给我们。那可怎么办?"鲍叔回答说:"派人向鲁国请求说:'我们国君有个不遵守命令的臣子在贵国,想要在群臣面前处死他,所以请交给我国。'他就会给我们了。"桓公就派人去向鲁国请求,完全按照鲍叔说的去做。

鲁庄公便把这件事告诉施伯,问他怎么办。施伯回答说:"这不是想处死他,是想用他掌政。管仲,是天下的大才,他所在的国家,一定能成为天下的强国。叫他在齐国,就必然长久地成为鲁国的忧患。"庄公问他:"怎么做好呢?"施伯回答说:"杀了他然后把他的尸体交给齐国使者。"庄公准备杀管仲，齐国使者向庄公请求说："我们国君想要亲自处死他，若不能把活的管仲在群臣面前杀了示众，就如同没有向贵国请求一样。我们请求给我们活的。"于是庄公便吩咐绑缚管仲交给齐国使臣，齐国使臣得到管仲便离开鲁国。

　　当管仲回到齐国，就为管仲三次熏香，三次沐浴。桓公亲自到郊外迎接他，同他坐在一起问他说："从前我们先君襄公修建高台表示尊荣，总是捕兽、冬猎、捉兔、射鸟，不理国家政事，轻视圣人，侮辱士人，只好女色。有九妃、六嫔，姬妾数百，吃的必定要有美食佳肴，穿的必定要有带花纹的丝绸。将士不得温饱，军队的战车是等着游车用破了才拿来使用，将士们靠着侍妾剩下的吃穿来养活。把唱戏说笑的人摆在面前，却把贤才抛在身后。因此国家不能日有所进，月有所长。我害怕宗庙都要无人扫除，社稷也不能享受血祭，请问你怎样处理这些问题？"管子回答说："从前我们先王昭王、穆王，世代效法文王、武王当时的政绩，名闻后世。当前应该召集年长的人，比较考察百姓中有德行的人，制定法令作为百姓遵守的准则，使用百姓务必做到劳逸均等，彼此相应，用法度把百姓组织起来，先确定根本再权衡细节，用赏赐奖励善行，用刑罚矫正犯罪，按照老少排列长幼次序，作为治民的纲领。"桓公说："怎样去做呢？"管子回答说:"从前,圣王治理天下的时候,把都城划成三个部分,用'伍'把郊野编制起来,确定百姓的居住区域,以便发展百姓的事业,划定陵墓养老送终,谨慎使用生、杀、贫、富、贵、贱六种权柄。"

桓公问:"怎样发展百姓的事业呢?"管子回答说:"士、农、工、商四种不同职业的百姓,不要使他们混杂居住,混杂居住就会出现不同的言论,从而使他们所从事的事业受到影响而有所改变。"桓公问:"怎样安置士、农、工、商居住区域呢?"管子回答说:"从前圣王安置士人,叫他们住在清静的地方;安置手工业者,叫他们住在官府;安置商人,叫他们住在街市;安置农民,叫他们住在田野。

"叫那些士人聚集在一起居住,平常无事时父老之间谈论对人要讲信义,子弟之间谈论对父母要孝顺,那些给国君做事的谈论对国君要恭敬,那些年岁小的谈论对兄长要尊敬。年少时就学习礼义,他们的思想就安定了,不再见异思迁。所以父兄对子弟的教诲不必经过严肃督促便能完成,他们子弟的学习不费力气就能学好。这样一来,士人的子弟就总还是保持士的身份。

"叫那些手工业者聚集在一起居住,审察四季不同的需要,辨别器用质量的坚美粗恶,估量它们的用途,选用材料时要比较好坏并使它软硬适度,从早到晚做这些事，把产品销往各地，用这些教诲他们的子弟，互相讨论工作，互相交流技术，互相展出成果，好的可以得到奖赏。年少时就学习技术，他们的思想就安定了，不再见异思迁。所以父兄对子弟的教诲不必经过严肃督促便能完成，他们子弟的学习不费力气就能学好。这样一来，手工业者的弟子就总还是保持手工业者的身份。

"叫那些商人聚集在一起居住，审察四季的需要，调查当地物资的贵贱有无等情况，了解市场上货物的价格，然后把货物背在背上，抱在怀里，用肩挑着，用肩扛上，或用笨重的牛车、轻便的马车拉，把货物运往各地，用自己有的东西，换来他们没有的东西，贱价买进高价卖出，从早到晚做这些事情，用这些教诲他们的子弟，互相谈论生财之道，互相显示自己的赢余，互相告知物价。年少时就学习经商，他们的思想就安定了，不再见异思迁。所以父兄对子弟的教诲不必经过严肃促督便能完成，他们子弟的学习不费力气就能学好。这样一来，商人的子弟就总还是保持商人的身份。

"叫那些农民聚集在一起生活，审察四季的需要，检查修理农具，如耒、耜、连枷、大镰刀等。到大寒之后，要除掉田里枯草清理田地，等待立春之后翻地；到耕种时，深耕后立即把土耙平，等待春雨；春雨下过以后，带着锹、镰、大小锄头，从早到晚在田里干活。脱去上衣干活,头戴斗笠,身穿蓑衣,淋遍全身,泥污双脚,曝晒毛发皮肤,使尽四肢的力量,在田里干活。年少时就学习务农,他们的思想就安定了,不再见异思迁。所以父兄对子弟的教诲不必经过严肃督促便能完成,他们子弟的学习不费力气就能学好。这样一来,农民的子弟就总还是保持农民的身份,因为他们居住在田野里不和别人接近。其中优秀的农民能当士人的,必定是值得信赖的。官吏发现这样的人不来报告,要受到五刑的处罚。官吏必须办完推荐贤才的事才可离开。"

桓公问道:"划定百姓的居处怎样做呢?"管子回答说:"把都城分为二十一乡。"桓公说:"很好。"管子于是把都城分为二十一乡:其中工、商六乡,士十五乡。桓公统帅五乡,国子统帅五乡,高子统帅五乡。把都城分为三部分,在军中设立三官,在群臣之上设置三卿,在手工业者中设置三族,在市场设置三乡,为川泽设置三虞,为山林设置三衡。

桓公说:"我想要讨伐无道的诸侯,是否可以?"管子回答说:"不行。国家还不够安定。"桓公说:"怎样使国家安定呢?"管子回答说:"要整理旧的法令,选择其中好的加以继承创新;繁殖并增加人口,救济贫困的人,并且重视百姓,国家就安定了。"桓公说:"就这样办。"于是就整理旧时法令,选择其中好的加以继承和创新;繁殖并增加人口,救济穷困的人,并且重视百姓。国家安定了以后,桓公说:"国家安定了,大概可以讨伐诸侯了吧?"管子回答说:"不行。国君倘若整顿军队,制造盔甲武器,那么其他大国也要整顿军队,制造盔甲武器,那就难以很快满足您的心愿了。君主有进攻的器械,小国诸侯就有防御的准备,那就难以很快满足您的心愿了。您若想很快在天下诸侯之间满足心愿,就应当把军事隐藏在法令中,寄寓在政事里。"桓公问道:"怎样去做呢?"管子回答说:"通过制定内政寄托军令。"桓公说:"很好。"

　　管子于是在全国颁布制度:"五家为一轨,轨里设轨长;十轨为一里,里中设有司;四里为一连,连里设连长;十连为一乡,乡里设良人。掌握军令的人:五家为一轨,所以五人为一伍,由轨长统帅;十轨为一里,所以五十人为小戎,由里的有司统帅;四里为一连,所以二百人为一卒,由连长统帅;十连为一乡,所以二千人为一旅,由乡的良人统帅;五乡为一帅,所以一万人为一军,由五乡的帅来统帅。三军中,有国君中军的鼓,有国子的鼓,有高子的鼓。春天用春猎来整顿部队,秋天用秋猎练兵。因此,军队在里中就已编制好,军事活动在郊野里就已完成训练。通过内政教练好军队以后,下令不得更改。一个伍里的人祭祀时同享祭祀的酒肉,死亡丧葬时一起忧伤,有灾祸大家承担。人们之间互相交往,各家之间互相往来，世代住在一起，年少时在一起玩耍。所以夜间战斗时声音都熟悉，不致发生误会；白天交锋时眼睛看得见，能够互相认识。那种欢快的感情，能够出死力互相救助。在家生活共同欢乐，出兵在外感情融洽，死了人人共同悲哀。所以防御时就都牢固坚守，作战时就都英勇顽强。国君若能有这样三万将士，就可以横行天下，用他们去讨伐无道的诸侯，卫护周王室，那么天下大国的君主谁也无法抗拒。"

晋 语 二

骊姬谮杀太子申生

晋献公宠爱骊姬,骊姬为了要立她自己的儿子奚齐为太子,诬陷太子申生要谋害晋献公。为了证实她的谗言,在申生送来的祭酒、肉里放了毒药,以便让献公相信她的话。申生虽然遭受诬陷,却既不申辩又不逃离晋国,为的是不给他父亲献公造成困难。申生被迫上吊自杀时,还不忘让人告诉狐突帮助献公治国。本文揭露了骊姬利用优施拉拢敌对力量,而申生的师傅杜原款,晋国有力量的大夫狐突、里克、丕郑不是中立便是躲起来,致使骊姬阴谋得逞。可见,即使在统治阶级内部争权夺利的斗争中,站在正确的一方如不敢坚决斗争,实际是帮助罪恶势力,祸国殃民。当然文中描绘的申生愚忠愚孝的形象,也是应该给以否定的。

反自稷桑①,处五年②,骊姬谓公曰③:"吾闻申生之谋愈深④。日,吾固告君曰得众,众不利,焉能胜狄?今矜狄之善,其志益广。狐突不顺⑤,故不出。吾闻之,申生甚好信而强,又失言于众矣⑥,虽欲有退,众将责焉。言不可食,众不可弭,是以深谋。君若不图,难将至矣!"公曰:"吾不忘也,抑未有以致罪焉。"

骊姬告优施曰⑦:"君既许我杀太子而立奚齐矣,吾难里克⑧,奈何!"优施曰:"吾来里克,一日而已。子为我

---

① 反自稷桑:从稷桑回来。指太子申生接受父亲晋献公的命令伐东山皋落狄人,在稷桑打败狄后回来。反,回来,这一意义后来写作"返"。事在公元前661年。 ② 处五年:又过了五年。 ③ 骊姬:骊戎国君的女儿。晋献公伐骊戎,俘虏了骊戎国君的女儿,立为夫人。骊姬生奚齐,想害死太子申生,好立自己的儿子奚齐为太子。公:晋献公,公元前676—前651年在位。 ④ 申生:晋献公的太子。谋:指谋害献公的打算。 ⑤ 狐突:晋国大夫。辅佐太子申生,并为他驾驭戎车。 ⑥ 失言于众:指申生答应了他的部下害死献公夺取政权。失言,漏了话。 ⑦ 优施:优,宫廷中以舞乐戏谑为业的艺人。施,人名。是晋献公的优人,骊姬和他私通。 ⑧ 里克:晋国大夫。

具特羊之飨①,吾以从之饮酒。我优也,言无邮②。"骊姬许诺,乃具,使优施饮里克酒。中饮,优施起舞,谓里克妻曰:"主孟啖我③,我教兹暇豫事君④。"乃歌曰:"暇豫之吾吾,不如鸟乌。人皆集于苑,己独集于枯⑤。"里克笑曰:"何谓苑?何谓枯?"优施曰:"其母为夫人,其子为君,可不谓苑乎?其母既死,其子又有谤,可不谓枯乎?枯且有伤。"

优施出,里克辟奠⑥,不飧而寝⑦。夜半,召优施,曰:"曩而言戏乎?抑有所闻之乎?"曰:"然。君既许骊姬杀太子而立奚齐,谋既成矣。"里克曰:"吾秉君以杀太子,吾不忍。通复故交,吾不敢。中立其免乎?"优施曰:"免。"

---

① 特羊之飨:一只全羊的宴席。 ② 邮:通"尤",过错。 ③ 主孟啖我:主孟请我赴宴。主孟,指里克之妻。主,古代大夫及大夫之妻都可称为"主"。孟,是里克妻名。啖(dàn 淡),给吃。 ④ 兹:此,指里克。暇豫:安闲逸乐。 ⑤ "暇豫"四句:安闲逸乐却不敢接近他,不如鸟雀和乌鸦。人家落在草木丰茂的花园里,自己却落在枯树上。吾吾(yú yú 鱼鱼),不敢亲近的样子。集,落在树上。苑,草木丰茂的地方。此歌暗示里克应靠近骊姬,对自己才有好处。 ⑥ 辟:撤掉,放置,这里指放置。奠:酒菜。 ⑦ 不飧(sūn 孙):没吃饭。飧,熟食,这里作动词用。

且而里克见丕郑①,曰:"夫史苏之言将及矣②!优施告我,君谋成矣,将立奚齐。"丕郑曰:"子谓何?"曰:"吾对以中立。"丕郑曰:"惜也!不如曰不信以疏之③,亦固太子以携之④,多为之故⑤,以变其志,志少疏,乃可间也⑥。今子曰中立,况固其谋也⑦,彼有成矣,难以得间。"里克曰:"往言不可及也,且人中心唯无忌之,何可败也!子将何如?"丕郑曰:"我无心。是故事君者,君为我心,制不在我⑧。"里克曰:"弑君以为廉⑨,长廉以骄心,因骄以制人家,吾不敢。抑挠志以从君,为废人以自利也,利方以求成人⑩,吾不能。将伏也!"明日,称疾不朝,三旬,难乃成。

骊姬以君命命申生曰:"今夕君梦齐姜⑪,必速祠而

---

① 丕郑:晋国大夫。 ② 史苏:晋国大夫。史苏曾说过骊姬必乱晋国的话。 ③ 曰不信以疏之:说不相信优施的话用来冲淡他们的阴谋。 ④ 亦固太子以携之:也可以加强太子的地位来分化他们。固,加强。 ⑤ 多为之故:多想出招法。故,计谋。 ⑥ 间:离析,离间。 ⑦ 况:越发。 ⑧ 制:节制,控制。 ⑨ 廉:耿直。 ⑩ 利方以求成人:只顾自己的利益去成全别人。方,道。人,指奚齐。 ⑪ 齐姜:申生已去世的母亲。

归福①。"申生许诺,乃祭于曲沃②,归福于绛③。公田④,骊姬受福,乃置鸩于酒⑤,置堇于肉⑥。公至,召申生献,公祭之地,地坟⑦。申生恐而出。骊姬与犬肉,犬毙;饮小臣酒⑧,亦毙。公命杀杜原款⑨。申生奔新城。

杜原款将死,使小臣圉告于申生⑩,曰:"款也不才,寡智不敏,不能教导,以至于死。不能深知君之心度⑪,弃宠求广土而窜伏焉⑫;小心狷介⑬,不敢行也。是以言至而无所讼之也,故陷于大难,乃逮于谗。然款也不敢爱死⑭,唯与谗人钧是恶也⑮。吾闻君子不去情⑯,不反谗⑰,谗行身死可也,犹有令名焉。死不迁情,强也。守

---

① 祠:祭祀。归(kuì愧)福:祭祀后献给的祭神酒肉。归,通"馈",馈赠。 ② 曲沃:地名。在今山西闻喜东北,是晋的别都。 ③ 绛:地名。在今山西翼城东。晋穆侯从曲沃迁都到此,晋献公增筑为都城。 ④ 田:打猎。 ⑤ 鸩(zhèn震):传说中的一种鸟,把它的羽毛泡在酒中,人喝了酒会被毒死。 ⑥ 堇(jǐn仅):草药名。即乌头,有毒。 ⑦ 坟:高起来。 ⑧ 小臣:宫廷内执役的人,即后来的太监。 ⑨ 杜原款:太子申生的师傅。 ⑩ 小臣圉(yǔ雨):小臣叫圉的人。圉,养马的人叫圉,也可能这个小臣是养马的人。 ⑪ 心度:胸怀,度量。 ⑫ 弃宠求广土而窜伏焉:扔掉太子地位逃到外国隐藏起来。弃宠,扔掉太子地位。 ⑬ 狷(juàn绢)介:拘谨自守。 ⑭ 爱死:吝惜死。 ⑮ 唯与谗人钧是恶也:只是和进谗言的人共同分担罪恶。钧,共同,一齐。 ⑯ 不去情:不抛掉忠爱的感情。 ⑰ 反谗:指对谗言进行申辩。

情说父，孝也。杀身以成志，仁也。死不忘君，敬也。孺子勉之！死必遗爱，死民之思，不亦可乎？"申生许诺。

人谓申生曰："非子之罪，何不去乎？"申生曰："不可。去而罪释，必归于君，是怨君也。章父之恶①，取笑诸侯，吾谁乡而入？内困于父母，外困于诸侯，是重困也。弃君去罪，是逃死也。吾闻之：'仁不怨君，智不重困，勇不逃死。'若罪不释，去而必重，去而罪重，不智。逃死而怨君，不仁。有罪不死，无勇。去而厚怨，恶不可重，死不可避，吾将伏以俟命。"

骊姬见申生而哭之，曰："有父忍之，况国人乎？忍父而求好人，人孰好之？杀父以求利人，人孰利之？皆民之所恶也，难以长生！"骊姬退，申生乃雉经于新城之庙②。将死，乃使猛足言于狐突曰③："申生有罪，不听伯氏④，以至于死。申生不敢爱其死，虽然，吾君老矣，国家多难，伯氏不出，奈吾君何？伯氏苟出而图吾君，申生受

---

① 章：显露。 ② 雉经：上吊自杀。 ③ 猛足：申生的臣子。 ④ 伯氏：即狐突。狐突字伯行，尊称为伯氏。狐突在稷桑战前曾告诫申生说献公喜欢骊姬，对他不利，若打胜仗便会遭受她的谗言，不如不打。申生没听他的劝告。

赐以至于死,虽死何悔!"是以谥为共君①。

骊姬既杀太子申生,又谮二公子曰②:"重耳、夷吾与知共君之事③。"公令阉楚刺重耳④,重耳逃于狄;令贾华刺夷吾⑤,夷吾逃于梁。尽逐群公子,乃立奚齐焉。

【翻译】

太子申生从稷桑回来后,又过了五个年头,这时骊姬对献公说:"我听说申生谋害你的打算更加深了。前些日子,我本来告诉过君主说他已深得民心,倘若民心不利于他们,怎么能够打败狄人?现今他更夸伐狄时善于用民心的好处,他的野心越来越大。狐突不顺从太子,所以躲在家里不出来。我听说,申生为人特别讲信用而且强悍,他已把篡权的意图透露给众人,虽然想罢休,众人也要责备他的。说出的话不能不算数,对众人也无法压制,所以他会更加深谋远虑。君主如果不设法对付,大难就要临头了!"献公说:"我忘不了,但是还没

---

① 谥(shì 试):古代根据死去的统治阶级人物生前行为赠给他的称号叫谥。共君:按谥法,有过能改叫"共",所以给他起个谥号为"共君"。 ② 谮(zèn):进谗言,说人的坏话。 ③ 重耳、夷吾:晋献公的两个儿子。重耳,即后来的晋文公。 ④ 阉楚:阉,是去势的宫廷侍者,即宦者。楚,是伯楚,是寺人披的字,在晋文公时称为勃鞮。 ⑤ 贾华:晋国大夫。

有方法给他加个罪名。"

骊姬就去告诉优施说:"君主已经答应我杀死太子,立奚齐当国君了,我就是难以对付里克,你看怎么办?"优施说:"我把里克请来,一天就会办好。您为我准备好一只全羊席,我用来陪他喝酒。我是个戏子,话说错了他也不会挑剔的。"骊姬答应了他,给他准备了全羊席,叫优施请里克喝酒。喝到半酣,优施从坐席上站起来舞蹈,对里克夫人说:"主妇您请我饮酒,我就让这个人(里克)安闲快乐地侍奉君主。"随着就唱起来:"暇豫之吾吾,不如鸟乌。人皆集于苑,己独集于枯。"里克笑着问他:"什么叫草木丰茂的地方?什么叫枯枝?"优施说:"他母亲是夫人,他儿子是国君,能不说是草木丰茂的地方吗?他母亲已经死了,她儿子又遭议论,能不说是枯枝吗?不仅是枯枝,还要折断呢。"

优施走了,里克便撤去酒菜,饭也没吃便去睡觉。到了半夜,找来优施,问他:"方才你说的话是开玩笑?还是听到了什么风声呢?"优施回答说:"是听到了些风声。君主已经答应骊姬杀掉太子立奚齐,计划已经定了。"里克说:"我如果顺从君主杀死太子,我不忍心。若和往常一样还和太子交往,我又不敢。采取中立的态度大概可以免掉祸患了吧?"优施说:"可以免掉祸患。"

第二天早晨一起来里克就去见丕郑,说:"史苏过去说过的话就要成为事实了！优施告诉我说,国君的计划已定,就要立奚齐为太子。"丕郑问他说:"您说些什么?"回答说:"我以中立的态度回答他。"丕郑说:"很可惜!您不如说不相信这种说法使他们心灰意冷,同时也可以加强太子的地位分化他们的党羽,然后再多想些办法,改变他们的想法,他们的想法稍微心灰意冷以后,就可以离间他们。现在您说中立,越发加强了他们的阴谋,他们就要准备好了,难得离间了。"里克说:"说过的话是无可挽回的了,况且这些人心里肆无忌惮,怎么能够战胜他们呢!您将怎样做呢?"丕郑说:"我没有一定的主意。事奉君主的人,君主就是我的主心骨,控制权不在我手里。"里克说:"杀了国君自以为是耿直,凭着这种耿直增长傲慢情绪,用傲慢情绪制裁人家父子,我是不敢做的。但是让我违心地去迎合君主,为了废掉太子给自己谋好处,或者利用名义替奚齐求成,我又做不到。我只好隐退!"第二天,便假托有病不上朝,过了一个月,陷害申生的阴谋准备就绪。

骊姬假传国君的命令,命令申生说:"今天晚上君主梦见齐姜,你一定快去祭祀她,祭祀后把祭酒祭肉送来。"申生答应,就去曲沃祭祀母亲后,把祭酒祭肉送来绛都。当时献公出去打猎,骊姬接到祭酒祭肉后,便把鸩毒放入酒中,又把一种叫作乌头的毒药放在肉里。献公回来后,召唤申生把酒肉进献上来,献公把酒洒在地上祭地,地立即鼓起来。申生一看吓得跑了出去。骊姬用肉喂狗,狗立即就死了;给小臣喝酒,也被毒死了。献公下令杀死申生的师傅杜原款。申生便逃到新城去。

杜原款临死的时候,派小臣圉去告诉申生,说:"我杜原款没有才干,没有智慧,显得很迟钝,不能很好地教导你,以至于要被处死。我不能十分明白您的想法,但是我劝您抛弃太子的地位跑到国外隐蔽起来;我是小心拘谨,不敢和您一起走。因此我知道有对您的议论却没有去辩解,所以才陷入绝境,遭到谗言的祸患。但是我杜原款并不吝惜生命,只想和诬陷您的人分担过错。我听说有修养的人不会丢掉忠爱的感情,不去对谗言进行申辩,遭到谗言的陷害也可以去死,还能够留下一个好的名声。至死也不改变忠爱的感情,是刚强的表现。坚持忠爱的感情使父亲高兴,是孝顺的表现。人死了却完成了自己的心愿,是仁爱的表现。临死还不忘君主,是恭敬的表现。你这个年轻人要以此勉励自己啊!死后一定会给人们留下想念,死了会引起百姓的怀念,不也是值得的吗?"申生接受了师傅的教导。

有人对申生说:"本不是您的过错,为什么不离开晋国呢?"申生回答说:"不行。离开晋国虽然卸掉了我的罪过,必然加到了君主头上,这是对君主的怨恨。张扬了父亲的罪恶,就要被诸侯耻笑,我还能够到什么地方去呢?在国内被父母逼迫,到国外被诸侯逼迫,这是双重逼迫。抛弃君主解脱罪过,这是逃避一死。我听说:'有仁心的人不怨君主,有智慧的人不受双重逼迫,勇敢的人不逃避死亡。'倘若罪过不能解脱,离开晋国必受双重逼迫。逃出晋国加重了罪过,是没有智慧的行为。逃避死亡并且怨恨君主,是没有仁德的行为。有罪过不敢去死,是没有勇气的行为。离开晋国就加深了对君主的怨恨,过错不应再加多,死也不应该逃避,我要待在这里等候处分。"

骊姬到新城去见申生,哭闹着说:"你对自己的父亲都要忍心谋害,还能够爱国人吗?忍心谋害父亲还想要国人拥戴,谁能喜欢你呢?杀害父亲还想为人谋利,谁能为你谋利呢?这都是百姓们所憎恶的,你很难活长了!"骊姬离开后,申生就在新城的宗庙里上吊自杀。临死前,派猛足去告诉狐突说:"我申生有罪,恨过去没有听您伯氏的劝告,以至于造成我的死。我申生并非舍不得自己的生命,虽然我死不足惜,但是我们君主年纪大了,国家有很多困难,您伯氏不出来辅佐他,我们君主可怎么办呢?您伯氏假若能够出来帮助君主,我申生就是得到了恩惠才死去的,即使死了也没什么遗憾!"所以在他死之后谥号叫"共君"。

骊姬害死太子申生以后，又对献公说两位公子的坏话："重耳、夷吾参与知道共君的事。"于是，献公叫宦者伯楚去刺杀重耳，重耳便逃到狄；叫贾华去刺杀夷吾，夷吾就逃亡到梁。同时把所有的公子都赶出国外，便立奚齐为太子。

宫之奇知虞将亡

晋献公向虞借道灭虢，虞国大夫宫之奇劝告虞君不要答应。虞君为贪图晋的贿赂，不接受宫之奇的意见，结果晋灭虢后也灭掉了虞。虞为自己的利益出卖亲密邻邦，自己也遭到灭亡，是罪有应得。

伐虢之役①，师出于虞②。宫之奇谏而不听③，出，谓

---

① 虢（guó 国）：国名，姬姓。以上阳（今河南陕县东南李家窑）为都城，地在今河南三门峡和山西平陆一带。晋献公伐虢在公元前655年。 ② 虞：国名，姬姓。地也在山西平陆北。因虞在晋、虢之间，晋要伐虢，必须向虞借道。 ③ 宫之奇：虞国大夫。

其子曰："虞将亡矣！唯忠信者能留外寇而不害①。除暗以应外谓之忠②，定身以行事谓之信③。今君施其所恶于人，暗不除矣；以赂灭亲④，身不定矣。夫国非忠不立，非信不固。既不忠信，而留外寇，寇知其衅而归图焉⑤。已自拔其本矣，何以能久？吾不去，惧及焉。"以其孥适西山，三月，虞乃亡。

【翻译】

　　晋国攻打虢国的战役，是向虞国借道出兵的。宫之奇曾劝告虞公不要借道给晋军，但是虞公不听，宫之奇出来后对他的儿子说："虞国快要灭亡了！只有讲忠信的人能够在外寇驻扎情况下不受侵害。破除愚昧对付外寇叫作忠，做事使自身稳定叫作信。现在君主把自己讨厌的事加在别国身上，是没有破除愚昧；接受晋国的财物去灭掉兄弟之国，自己也不会安定了。一个国家没有忠是无法站定脚跟的，没有信（统治）是不能巩固的。既不讲忠信，又让外寇留住国内，外寇了解他的破绽，灭

---

① 留外寇：指在虞国驻扎晋国军队。　② 除暗：去掉昏昧。暗，愚昧。　③ 定身以行事：做事要使自己安定。　④ 灭亲：虢、虞是姬姓兄弟之国，虞接受晋送的礼物屈产良马和垂棘美玉，借道给晋去灭虢，是灭掉亲密邻邦。　⑤ 衅：这里指破绽。

虢后回来便要对付他了。自己已经拔除了立国的根基，怎么能长久存在下去呢？我若不离开虞国，恐怕灾难要临头。"于是带着妻子儿女到西山去躲避，过了三个月，虞便被晋灭亡。

晋 语 四

齐姜与子犯谋遣重耳

晋公子重耳（即后来的晋文公）在骊姬向晋献公进谗言逼死太子申生后，处境危险，便逃到狄，一住12年。重耳的主要谋士狐偃见重耳在狄无所作为，行将荒废事业，便提出到齐国去。到齐国后，得到齐桓公的周到接待，重耳贪图安乐，便想要老死齐国。桓公死后，齐孝公即位，诸侯叛齐，无法实现回晋国的愿望。重耳的妻子姜氏知狐偃要重耳离开齐国，她不但不阻止，反而共同策划，并认真劝告重耳不要贪图安逸忘掉回晋的大事。从这里可以看出春秋时期第二个霸主晋文公，原是贪图安乐不想有所作为的人，如果没有狐偃和姜氏，重耳将一生庸碌无为。可见一些伟大的历史人物，多是在不知名的人帮助下才获得成功的。

文公在狄十二年①，狐偃曰②："日③，吾来此也，非以狄为荣④，可以成事也⑤。吾曰：'奔而易达，困而有资，休以择利，可以戾也⑥。'今戾久矣，戾久将底⑦，底著滞淫⑧，谁能兴之？盍速行乎！吾不适齐、楚，避其远也。蓄力一纪⑨，可以远矣。齐侯长矣⑩，而欲亲晋。管仲殁矣，多谗在侧。谋而无正，衷而思始⑪。夫必追择前言⑫，求善以终，履迹逐远，远人入服，不为邮矣⑬。会其季年可也，兹可以亲。"皆以为然。

---

① 文公：晋文公（前636—前628年在位），是晋献公庶子，名重耳。是继齐桓公之后，春秋时期的第二个霸主。献公宠骊姬逼死太子申生，重耳于公元前655年自蒲奔狄，至公元前644年，在狄12年。　② 狐偃：字子犯，重耳的舅父，故又称舅犯。狐偃随从重耳逃狄，后又跟重耳经齐、卫、曹、宋、楚、秦诸国，于公元前636年回晋即位。晋文公使周王室安定，称霸诸侯，多是狐偃提出的谋略。　③ 日：往日，以前。　④ 荣：欢乐。　⑤ 成事：完成回国大事。　⑥ 戾：安定。　⑦ 底：停滞。　⑧ 底著：停滞不动。著，附著。滞淫：废止久了。滞，废止。淫，时间长。　⑨ 一纪：12年为一纪。　⑩ 齐侯：齐桓公。　⑪ 衷：中心。　⑫ 前言：指管仲生前的忠善之言。　⑬ 邮：过失。

乃行,过五鹿①,乞食于野人。野人举块以与之,公子怒,将鞭之。子犯曰:"天赐也。民以土服②,又何求焉! 天事必象,十有二年,必获此土。二三子志之。岁在寿星及鹑尾③,其有此土乎! 天以命矣,复于寿星,必获诸侯④。天之道也,由是始之。有此,其以戊申乎⑤! 所以申土也⑥。"再拜稽首⑦,受而载之,遂适齐。

齐侯妻之⑧,甚善焉。有马二十乘⑨,将死于齐而已

---

① 五鹿:卫国地名,在今河北大名东。 ② 以土服:奉献土地表示服从。 ③ 岁:岁星,即木星。木星在黄道带中每年经过一宫,约12年运行一周天,古代用它记岁(年),所以称为"岁星"。寿星:十二星次之一,与二十八宿相配为角、亢二宿。鹑尾:星次名。指翼、轸二宿。据韦昭解,说"岁在寿星"这一年是得土块的一年,鲁僖公十六年(前644)后的12年,岁星在鹑尾,一定会得到这个五鹿地方。鲁僖公二十七年(前633)岁星在鹑尾。二十八年(前632)岁星又在寿星,晋文公伐卫,正月六日戊申这一天得到五鹿地方。 ④ 复于寿星,必获诸侯:据韦昭解,说"岁复在寿星"是指鲁僖公二十八年,当年四月,晋文公在城濮打败楚国,在践土地方请来周天子(周襄王)召集诸侯开会,向周王献俘,周王策命晋文公为霸主,即得到诸侯的拥戴。这些解释带有神秘色彩。 ⑤ 戊申:记日的干支。 ⑥ 申土:扩充国土。申,舒展,扩充。 ⑦ 稽首:以头叩地的跪拜礼。 ⑧ 齐侯妻之:齐桓公把女儿嫁给重耳。妻,作动词用,嫁给。 ⑨ 乘(shèng 胜):古时一车四匹马叫一乘。二十乘,即80匹马。

矣。曰："民生安乐，谁知其他？"

桓公卒，孝公即位①。诸侯叛齐。子犯知齐之不可以动②，而知文公之安齐而有终焉之志也，欲行，而患之，与从者谋于桑下。蚕妾在焉③，莫知其在也。妾告姜氏④，姜氏杀之，而言于公子曰："从者将以子行，其闻之者吾以除之矣⑤。子必从之，不可以贰⑥，贰无成命⑦。《诗》云⑧：'上帝临女，无贰尔心⑨。'先王其知之矣，贰将可乎？子去晋难而极于此。自子之行，晋无宁岁，民无成君⑩。天未丧晋，无异公子，有晋国者，非子而谁？子其勉之！上帝临子，贰必有咎。"

公子曰："吾不动矣，必死于此。"姜曰："不然。《周诗》曰⑪：'莘莘征夫，每怀靡及⑫。'夙夜征行，不遑启

---

① 孝公：齐孝公。齐桓公之子。公元前642年即位。 ② 动：指要求齐帮助重耳回晋国。 ③ 蚕妾：养蚕的女婢。 ④ 姜氏：齐桓公的女儿，嫁给重耳，因齐国国君姓姜，故称姜氏。 ⑤ 以：通"已"。 ⑥ 贰：三心二意，迟疑。 ⑦ 成命：完成天命。 ⑧《诗》：指《诗·大雅·大明》。 ⑨ 上帝临女，无贰尔心：天帝监视着你，不要拿不定主意。 ⑩ 成君：指稳定的国君。此句指奚齐、卓子先后被杀，晋惠公无亲人，遭到内外反对。 ⑪《周诗》：指《诗·大雅·皇皇者华》一诗。 ⑫ 莘莘（shēn shēn 申申）征夫，每怀靡及：很多人在外奔波，总怕无所成就。莘莘，又写作骁骁，众多的样子。

处①,犹惧无及。况其顺身纵欲怀安,将何及矣! 人不求及,其能及乎? 日月不处,人谁获安? 西方之书有之曰②:'怀与安,实疚大事③。'《郑诗》云④:'仲可怀也,人之多言,亦可畏也⑤。'昔管敬仲有言⑥,小妾闻之,曰:'畏威如疾,民之上也。从怀如流,民之下也。见怀思威,民之中也。畏威如疾,乃能威民。威在民上,弗畏有刑。从怀如流,去威远矣,故谓之下。其在辟也,吾从中也。《郑诗》之言,吾其从之。'此大夫管仲之所以纪纲齐国⑦,裨辅先君而成霸者也⑧。子而弃之,不亦难乎? 齐国之政败矣,晋之无道久矣,从者之谋忠矣,时日及矣,公子几矣。君国可以济百姓,而释之者,非人也。败不可处,时不可失,忠不可弃,怀不可从,子必速行。吾闻

---

① 不遑启处:没工夫休息。遑,闲暇。启处,安居休息。 ② 西方:指西周王朝。周,地处西方。 ③ 怀与安,实疚大事:留恋和安逸,实在危害大事。疚,危害。 ④《郑诗》:指《诗·郑风·将仲子》一诗。 ⑤ "仲可"三句:仲虽可想念,人们说三道四,也很可怕。仲,兄弟行列在第二的称"仲"。 ⑥ 管敬仲:即管仲。"仲"是管仲的字,"敬"是谥号。 ⑦ 纪纲:治理,管理。 ⑧ 裨(bì必)辅:辅佐。

晋之始封也①，岁在大火②，阏伯之星也③，实纪商人④。商人飨国三十一王⑤。瞽史之纪曰⑥：'唐叔之世，将如商数。'今未半也。乱不长世，公子唯子，子必有晋。若何怀安？"公子弗听。

姜与子犯谋，醉而载之以行。醒，以戈逐子犯，曰："若无所济，吾食舅氏之肉，其知餍乎！"舅犯走，且对曰："若无所济，余未知死所，谁能与豺狼争食？若克有成，公子无亦晋之柔嘉⑦，是以甘食。偃之肉腥臊，将焉用之？"遂行。

【翻译】

晋文公逃难到狄住了十二年，狐偃说："从前，我们来到这里，并不是为了在狄国行乐，是想要借以完成重回晋国的事业。我说过：'逃难出来就容易有活路，有困

---

① 始封：开始受封。晋第一个受封的是唐叔虞。 ② 大火：星名，即心宿中央的红色大星，称为荧惑星。 ③ 阏（è 饿）伯：是陶唐氏的火正官，住在商丘地方，祭祀大火星，死后把他和大火星一起祭祀，所以说大火是"阏伯之星"。 ④ 实纪商人：记录着商人的吉凶。大火就是辰星，便成为商人的星。 ⑤ 飨：通"享"，享有。三十一王：指汤建商王朝开始到纣王亡国共有31代王。 ⑥ 瞽史：即瞽者（盲人）之史。奴隶制时代以瞽者当史官，所以叫瞽史。纪：与"记"通，指书籍。 ⑦ 柔嘉：指食物柔脆嘉美。

难会遇到资助,通过休整可以选择有利时机,便可以安定下来。'但现在安定时间过长了,安定过长事业便要停滞不前了。停滞不动荒废久了,谁还能振兴事业?为什么不快些离开这里!当时我们不到齐、楚两国去,是因为避开路途遥远。我们已经养精蓄锐12年了,可以到远方去了。齐桓公老了,但他还想和晋交好。管仲已经去世,在桓公身边有许多进谗言的人。桓公没有可以遵从的谋略,心里便要想起当初。那么他必定会想起并采用管仲从前说过的话,来谋求善终,厌恶身边的小人去寻求远方来人,我们远方人去投奔,不会有什么过错的。正可以赶上他的晚年,此时去还是可以亲近的。"晋文公的随从人员都以为说得对。

  于是他们就出发了,路过五鹿地方,向在田野里的农民要吃的。农民拿起土坷垃给他们,重耳大怒,想要鞭打农民。狐偃说:"这是上天赐给的,农民把土地给我们,表示服从公子,我们还想要什么呢!天命必先有征兆,12年后,必然要得到这块土地。你们各位都要记住。岁星走到寿星和鹑尾时,便将要占领这一带土地!上天把这一预兆告诉我们,在寿星再出现时,一定就要称霸诸侯。天的大数不会超过12,应从现在开始算起。获得这块土地,当是在戊申日吧!因为戊是土,申是扩大之意。"于是向农民叩拜致谢,接过土块装进车里,便到齐国去。

　　齐桓公把女儿嫁给重耳,将重耳招待得很好。赠给重耳80匹马,重耳表示要在齐国住一辈子。他说:"人活着能够享受安乐,谁还顾得上别的什么呢?"

　　齐桓公死后,孝公当了国君。诸侯再也不听齐国指挥。子犯知道齐国无力帮助重耳回晋国,并且知道重耳有要在齐国过一辈子的想法,想要离开齐国,又担心重耳不愿意走,便和跟随重耳的人在桑树下合计。一个养蚕的婢女正在树上采桑叶,但没有人知道她在树上。婢女听到他们的计议就去向重耳的妻子姜氏报告,姜氏杀掉了这个婢女,然后对公子说:"你的随从想要教你离开齐国,听到他们计谋的人已被我除掉。你一定要听从他们的安排,不应该迟疑,迟疑了就无法完成天命。《诗》里说:'上帝临汝,无贰尔心。'周武王大概体会了上天的用意才伐纣灭了殷,如果犹豫怎么能做到呢?您逃离晋国的灾难终于到了齐国。从您逃亡在外以来,晋国没有一个安宁的年头,百姓没有一个稳定的国君。老天爷还不想让晋国灭亡,再没有第二个可以当国君的公子,将来当晋国国君的,除您之外还能有谁?您应当奋勉,天帝监视着您,若有三心二意必然会有灾殃。"

　　重耳说:"我不想再回晋国了,一定要老死在这里。"姜氏说:"不能这样下去。《周诗》里说:'莘莘征夫,每怀靡及。'早晚在外边奔波的人,没有工夫过安稳生活,还怕无所成就。何况顺心如意尽情贪图安逸,会有什么成就呢!一个人如果不追求完成大业,哪会有成就呢?时间不停地流逝,人怎么能够贪图安逸呢?西周的书上说:'怀与安,实疚大事。'《郑诗》说:'仲可怀也,人之多言,亦可畏也。'早先管仲讲过一段话,我听说过,他说:'害怕威严如同害怕疾病,是上等人。从心所欲,随波逐流,是下等人。知道自己的私心便想到威严,是中等人。害怕威严如同害怕疾病,才能在百姓中有声威。有声威才能在百姓的上头,不怕威严便会遭到刑罚。从心所欲随波逐流,便远离声威,所以才称为下等人。我既不愿在上边,又不想犯罪,我要做中等人。《郑诗》里的话,我将遵从它去做。'这就是大夫管仲能够治理齐国,辅佐先君完成霸业的原因吧!您却要抛弃它,对您完成大业不是很困难吗?齐国国政已经混乱了,晋国久已无道,您的随从的计谋是忠于您的,已经到时候了,公子回国的时间已经迫近了。您成为国君可以救助百姓,却要扔掉做国君的机会,算不得一个人。齐国这个政治混乱的国家不能再住下去,有利时机不可错过,随从的忠心不能置之不理,不能因为留恋就颓唐下去,您必须赶快离开齐国。我听说唐叔虞最初受封晋国是大火星次的那年,也就是阏伯的星辰,记录着商殷的吉凶。商统治天下竟有31代国王。瞽史的书里说：'唐叔的世代，也将要和商一样久长。'到现在晋国的世代还不到商的一半。晋国不能永远乱下去，您是晋国唯一的公子，您必定要当晋国国君。怎么能够贪图安逸呢？"但是重耳却听不进去。

　　姜氏便和子犯定计，把重耳灌醉以后用车拉着离开齐国。重耳酒醒后便操起戈追杀子犯，说："如果将来事业不成，我要吃舅舅的肉，是吃不够的！"舅犯一边跑一边回答说："假如事业不成，我也不知自己要死在什么地方，谁能够和豺狼去争抢食物呢？倘若能成功，公子不也就有了晋国柔脆嘉美的食品，够吃好的了。我狐偃的肉又腥又臊，怎么能吃得上口呢？"于是就离开了齐国。

宋襄公赠重耳以马二十乘

晋公子重耳从曹国路过宋国,宋大司马公孙固向宋襄公介绍重耳的为人和随从他的3个谋士的长处,以及重耳对他们礼贤下士,声望日益提高。襄公听从公孙固的话,厚待重耳。这一事实说明,晋文公所以成为霸主是因为他能重用人才。

公子过宋①,与司马公孙固相善②,公孙固言于襄公

---

① 公子过宋:公子,指晋公子重耳。过宋,是从曹国来到宋国。 ② 司马公孙固:公孙固是宋庄公之孙,此时是宋国大司马。

曰①："晋公子亡②，长幼矣③，而好善不厌，父事狐偃，师事赵衰④，而长事贾佗⑤。狐偃其舅也，而惠以有谋。赵衰其先君之戎御⑥，赵夙之弟也，而文以忠贞⑦。贾佗公族也，而多识以恭敬。此三人者，实左右之。公子居则下之，动则谘焉，成幼而不倦⑧，殆有礼矣。树于有礼⑨，必有艾⑩。《商颂》曰⑪：'汤降不迟，圣敬日跻⑫。'降，有礼之谓也。君其图之。"襄公从之，赠以马二十乘。

【翻译】

公子重耳从曹国路过宋国，因重耳和宋国大司马公孙固友好，公孙固便向宋襄公说："晋公子逃亡在外，从年轻到长大，总是喜欢做好事不自满，用对待父亲的礼

---

① 襄公：宋襄公，公元前650—前637年在位。名兹父，宋桓公之子。 ② 亡：逃亡在外。 ③ 长幼：从幼至长，重耳逃亡在外19年，已经从幼年长大了。 ④ 赵衰（cuī催）：即赵成子，字子余，也叫成季、孟子余。随从重耳在外流亡19年。并帮助重耳回国即位。 ⑤ 贾佗（tuō托）：字射（yè夜）故。姬姓，与晋国统治者同姓，所以下文称"公族"。 ⑥ 戎御：驾驭兵车的人。 ⑦ 文：文辞。 ⑧ 成幼：自幼至成人。 ⑨ 树于有礼：用礼貌对人。树，种植，在这里指对人。 ⑩ 艾：报答。 ⑪《商颂》：指《诗·商颂·长发》一诗。 ⑫ 汤降不迟，圣敬日跻：商汤急于礼贤下士，尊敬人的风气日益提高。降，礼贤下士。不迟，很快。圣敬，明达恭敬。日跻，一天比一天高。

节尊敬狐偃,用对待老师的礼节尊敬赵衰,用对待兄长的礼节尊敬贾佗。狐偃是他的舅父,既仁慈又有谋略。赵衰是他先君的戎御,是赵夙的弟弟,为人有文采而又忠贞。贾佗是晋国的公族,不仅知识丰富而且为人谦恭。这三个人,总在公子身边。公子平时对他们虚心敬重,有事就向他们请教,从幼年到长大从不厌倦,总是彬彬有礼。对人有礼,人便要报答他。《商颂》诗说:'汤降不迟,圣敬日跻。'屈己尊贤,说的就是有礼。君主您应该有个打算。"襄公听从他的意见,赠给重耳80匹马。

楚成王以周礼享重耳

　　晋公子重耳在郑国不被礼遇后到达楚国，楚成王用国君之礼接待他。当成王一再追问重耳将来当国君后怎样报答他，重耳只好说如果将来晋楚两国交兵时，要对楚军退避三舍，表示感谢。如果还要非战不可，只能在战场上和楚周旋。这激怒了令尹子玉，要求除掉重耳，以免将来威胁楚国。楚王不同意，认为重耳聪敏善于文辞，在困境中既不屈从又不谄媚，手下还有三位杰出的谋士，是必然要成功的。这充分反映了重耳不卑不亢又有贤才帮助，称霸是必然的。

公子过郑,郑文公亦不礼焉①。……遂如楚②,楚成王以周礼享之③,九献④,庭实旅百⑤。公子欲辞,子犯曰:"天命也,君其飨之。亡人而国荐之⑥,非敌而君设之⑦,非天,谁启之心!"既飨,楚子问于公曰:"子若克复晋国,何以报我?"公子再拜稽首对曰:"子女玉帛,则君有之。羽旄齿革,则君地生焉。其波及晋国者,君之余也,又何以报?"王曰:"虽然,不穀愿闻之⑧。"对曰:"若以君之灵⑨,得复晋国,晋、楚治兵,会于中原⑩,其避君三

---

① 郑文公:郑厉公之子姬捷。 ② 遂如楚:郑国不接待公子重耳,重耳便从郑国到楚国。时在公元前637年。如,往,去。 ③ 楚成王:熊頵(yūn晕),公元前671—前626年在位。楚武王之孙,楚文王之子。周礼:周王朝的礼节。享:以酒食接待。 ④ 九献:帝王宴请上公的礼节,献酒共九次。 ⑤ 庭实:把礼物摆满庭内。实,装满。旅百:陈设礼物多。旅,陈设。百,表示多数。 ⑥ 国荐:用接待国君的礼节款待。荐,接引。 ⑦ 非敌而君设之:不是对等的但却用国君礼节接待。非敌,不是对等的。指楚成王是国君,重耳只是一个流亡的公子,两人身份不相等。 ⑧ 不穀:古代王侯自称的谦词。穀,善。 ⑨ 灵:神灵。 ⑩ 中原:即平原,指战场,不是指中原地区。

舍①。若不获命②，其左执鞭弭③，右属橐鞬④，以与君周旋⑤。"

令尹子玉曰⑥："请杀晋公子。弗杀，而反晋国，必惧楚师。"王曰："不可。楚师之惧，我不修也。我之不德，杀之何为！天之祚楚⑦，谁能惧之？楚不可祚，冀州之土⑧，其无令君乎？且晋公子敏而有文，约而不谄⑨，三材侍之⑩，天祚之矣。天之所兴，谁能废之？"子玉曰："然则请止狐偃。"王曰："不可，《曹诗》曰：'彼己之子，不遂其媾⑪。'邮之也。夫邮而效之，邮又甚焉。效邮，非礼

---

① 三舍：90里，古代行军30里就要驻扎，叫"舍"。 ② 获命：得到同意的命令。 ③ 鞭弭(mǐ 米)：鞭是打马的工具。弭是弓末的弯曲处，此指弓。 ④ 属（zhǔ)：佩带。橐鞬(gāo jiàn 高建)：橐是箭囊。鞬是盛弓的弓袋。 ⑤ 周旋：应酬，打交道。在此指追逐、交战，因重耳被楚王接待，只好用此委婉言辞回答。 ⑥ 令尹：楚国的官名，相当于中原各国的相。子玉：楚国若敖的曾孙，名成得臣。 ⑦ 祚：保佑，赐福。 ⑧ 冀州：古九州之一，今山西和陕西之间的黄河以东，河南和山西之间黄河以北和山东西北，河北东南部一带地区。春秋时期的晋国就在冀州。 ⑨ 约：穷困。 ⑩ 三材：三位有才干的人，即指重耳的随从狐偃、赵衰和贾佗。 ⑪ 彼己之子，不遂其媾：他这个人，中途抛弃了妻子。己，今诗作"其"。媾，婚姻。

也。"于是怀公自秦逃归①。秦伯召公子于楚②,楚子厚币以送公子于秦。

【翻译】

　　重耳路过郑国,郑文公也没有按礼节接待他。……于是就到楚国,楚成王用周朝的礼节宴请他,九次献酒,把上百件礼物陈列在庭中。公子想要推辞,子犯劝他说:"这是天命,您应该接受。对一个亡命在外的人却用国君的礼法接待他,不是对等的地位却像对待国君那样陈设礼物,如果不是上天,还有谁使楚王生出这样的想法呢!"举行过招待的礼节后,楚王问重耳说:"您如果能够回到晋国当国君,用什么来报答我?"公子拜了两拜叩头说:"美女、璧玉和丝帛,君王您自己就有。鸟羽、旄牛尾、象牙、犀牛革,是君王土地上出产的。它们流传到晋国,是君王剩下来的,我又用什么报答您呢?"楚王又说:"虽然是这样,我还是想听听您怎样报答我。"重耳回答说:"假如托君王的威灵保佑,我能回到晋国当国君,将来晋楚两国交兵,在战场上会战,我将会对君王退避三

---

① 怀公:即晋惠公的太子子圉,在公元前643年到秦国当质子,公元前638年逃归晋国。惠公于公元前637年九月死,子圉立为怀公。　② 秦伯:指秦穆公。穆公名任好,公元前659—前621年在位。

舍。如果仍然得不到您的宽恕,那么我只好左手拿着马鞭和弓,右边佩带箭囊弓袋,和君王周旋一番。"

令尹子玉听到后,说:"我要求杀掉晋公子。不杀他,假如他回到晋国,将来必然威胁楚国军队。"成王说:"不能杀死他。楚国军队如果受威胁,那是我们没把楚国军队训练好。我们自己不修德行,杀掉他又有什么用!上天如果保佑楚国,谁能威胁楚国呢?如果楚国得不到上天保佑,那么冀州的土地上,难道就不会出现其他的好君主吗?况且晋公子为人聪敏又富于文辞,在困境中却不对人谄媚,三位有才干的随从侍奉他,这是上天保佑他啊。上天要他兴盛起来,谁又能废掉他呢?"子玉又说:"那么我请求把狐偃扣留起来。"成王说:"不行。《曹诗》中说:'彼己之子,不遂其媾。'那是犯了一个错误。是过错还要仿效,错误就更严重了。仿效过错,是不合礼法的。"正在这时候,晋怀公从秦国逃归晋国,秦穆公便召请在楚国的公子重耳,楚王用厚礼送公子到秦国。

秦伯享重耳以国君之礼

公元前637年重耳到了秦国,秦穆公用款待国君的礼节接待他。赵衰在宴席上请穆公支持重耳回晋国当国君,得到穆公应允。双方通过赋诗来表达自己的要求和情感,这是春秋时期外交上表达要求和情感的一种重要方式。本篇叙述穆公接待重耳较《左传》、《韩非子》、《吕氏春秋》、《淮南子》、《史记》等书有关记载为详,极有参考价值。

他日,秦伯将享公子①,公子使子犯从。子犯曰:"吾

---

① 秦伯:秦穆公。享:宴请。

不如衰之文也①，请使衰从。"乃使子余从。秦伯享公子如享国君之礼，子余相如宾②。卒事，秦伯谓其大夫曰："为礼而不终③，耻也。中不胜貌④，耻也。华而不实，耻也。不度而施，耻也。施而不济，耻也。耻门不闭⑤，不可以封。非此，用师则无所矣。二三子敬乎！"

明日宴，秦伯赋《采菽》⑥，子余使公子降拜⑦。秦伯降辞。子余曰："君以天子之命服命重耳⑧，重耳敢有安志，敢不降拜？"成拜卒登⑨，子余使公子赋《黍苗》⑩。子余曰："重耳之仰君也，若黍苗之仰阴雨也。若君实庇荫膏泽之⑪，使能成嘉谷，荐在宗庙⑫，君之力也。君若昭

---

① 衰：赵衰，字子余。随从重耳在外流亡19年，帮助重耳回国即位。 ② 相：赞礼的人。 ③ 为礼而不终：举行礼仪有始无终。 ④ 中不胜貌：感情和外貌不一致。中，感情。胜，当为"称"。 ⑤ 耻门：指以上五耻之门。 ⑥《采菽》：《诗经·小雅》中的一首，是周天子欢迎来朝诸侯时奏的乐歌，描写诸侯朝见天子，天子对诸侯赏赐并颂德祝福。秦穆公赋《采菽》是把重耳当国君来接待的。 ⑦ 降拜：下堂拜谢。 ⑧ 命服：古代帝王按等级赐给公侯卿大夫的制服。 ⑨ 成拜卒登：做完拜谢然后上堂。 ⑩《黍苗》：《诗·小雅》中的一首。首章前两句是："芃芃（pēng pēng 蓬蓬，草木茂盛。）黍苗，阴雨膏之。"重耳自比禾苗，把秦穆公当成雨水，使自己成长。 ⑪ 庇荫：覆盖，保护。泽膏：比喻恩泽。 ⑫ 荐在宗庙：奉献给宗庙。指希望秦穆公把重耳送回晋国，主持晋国宗庙祭祀，即当国君。

先君之荣①，东行济河，整师以复强周室，重耳之望也。重耳若获集德而归载②，使主晋民，成封国，其何实不从。君若恣志以用重耳③，四方诸侯，其谁不惕惕以从命④！"秦伯叹曰："是子将有焉，岂专在寡人乎！"秦伯赋《鸠飞》⑤，公子赋《河水》⑥。秦伯赋《六月》⑦，子余使公子降拜。秦伯降辞。子余曰："君称所以佐天子匡王国者以命重耳，重耳敢有惰心，敢不从德？"

【翻译】

另一天，秦穆公将要用酒食款待公子重耳，重耳让

① 先君之荣：先君的荣耀。先君，指秦襄公。因秦襄公伐西戎有功被周天子封为伯爵，是一大荣耀。 ② 载：祭祀。 ③ 恣志：听任意图。在此指完全信任征讨诸侯之意。 ④ 惕惕：忧惧，惶恐。 ⑤《鸠飞》：指《诗·小雅·小宛》一诗的第一章头两句为"宛彼鸣鸠，翰飞戾天"，所以才称为《鸠飞》。秦穆公赋此诗，感叹重耳遭骊姬之难，多年流亡在外，想送他回国。 ⑥《河水》：是现在《诗经》中所没有的佚诗。"河"当为"沔"字之误，其中有"沔彼流水，朝宗于海"两句。重耳赋此诗的意思是自己回国当国君，当如沔水流入大海，即把秦比喻为海，报效秦国。 ⑦《六月》：《诗·小雅》中的一首。诗中叙述尹吉甫奉周宣王之命伐玁狁得胜，恢复了周文王、武王的事业。其中有"王于出征，以匡王国"、"以佐天子"、"共武之服，以定王国"诗句。秦穆公用这些诗句希望重耳当晋国国君，称霸诸侯，辅佐周天子。

子犯当他的随从。子犯说:"我赶不上赵衰长于文辞,请您让赵衰随从。"于是让赵衰随从。秦穆公宴请公子用宴请国君的礼节,赵衰当赞礼的人,对重耳如同对宾客。宴会后,穆公对他的大夫们说:"举行礼仪不全始全终,是可耻的。思想感情和外貌不一致,是可耻的。光有表面的华丽没有实在内容,是可耻的。不估量自己的实力而帮助人家,是可耻的。帮助人家而无所成就,是可耻的。不堵塞这五个耻门,是不能够封国为诸侯的。不堵塞这五个耻门,用兵也不会有所成就。你们各位要严肃认真地对待这五个耻门。"

第二天又宴请重耳,穆公在席上朗诵《采菽》诗,赵衰让公子下堂拜谢。穆公也下堂谦让。赵衰对穆公说:"君王您用天子的命服命令重耳,重耳怎敢苟安怠慢,怎敢不下堂拜谢?"叩拜完上堂,赵衰让公子朗诵《黍苗》。赵衰对穆公说:"重耳仰望君王,就像黍苗渴望下雨一样。如果承蒙君王庇护滋润,使他能成为子粒饱满的粮食,献奉给宗庙,这就全凭君王您的力量了。君王若能发扬光大先君襄公讨西戎有功赐封伯爵的荣耀,东渡黄河,整治军队使周王室重新强大起来,这是重耳的衷心愿望。重耳若能蒙受您的大德,回归晋国主持祭祀,做晋国百姓的君主,建成分封的国家,重耳一定会相从的。君王若能完全信用重耳,四方的诸侯,谁敢不诚惶诚恐听从您的命令！"穆公赞叹他说："这个人将会获得这一切的，哪里单靠我呢！"于是穆公便朗诵《鸠飞》诗句，表示支持重耳回国。重耳便朗诵《河水》，表达报答秦国的心意。穆公朗诵《六月》，赵衰让公子下堂拜谢。穆公也下堂辞让。赵衰对穆公说："君王称赞辅佐天子匡救周王国的人，并以此来表示对重耳的希望，重耳怎敢有懈怠情绪，怎敢不遵从您的好意？"

寺人勃鞮求见文公

寺人勃鞮曾奉晋献公、惠公之命谋杀重耳,但未成功。当重耳回到晋国即位后,便来求见文公。文公拒绝用他,勃鞮便对他说明君臣的职责,指出不要把该喜欢的和厌恶的颠倒了,才算是君主。后来文公对他承认了错误,勃鞮就把吕甥、郤芮的阴谋告诉他,文公借助秦穆公的力量平定了叛乱,巩固了自身的地位。这个故事说明做君主的要从国家、百姓利益出发考虑问题,不能单纯根据个人恩怨好恶处理事情。

初，献公使寺人勃鞮伐公于蒲城①，文公逾垣，勃鞮斩其祛②。及入，勃鞮求见，公辞焉，曰："骊姬之谗，尔射余于屏内，困余于蒲城，斩余衣祛。又为惠公从余于渭滨③，命曰三日，若宿而至。若干二命④，以求杀余。余于伯楚屡困，何旧怨也？退而思之，异日见我。"对曰："吾以君为已知之矣，故入；犹未知之也，又将出矣。事君不贰是谓臣，好恶不易是谓君⑤。君君臣臣，是谓明训。明训能终，民之主也。二君之世，蒲人、狄人，余何有焉？除君之恶，唯力所及，何贰之有？今君即位，其无蒲、狄乎？伊尹放太甲而卒以为明王⑥，管仲贼桓公而卒

晋语四

---

① 献公：晋献公，是重耳的父亲，公元前676—前615年在位。寺人：宫廷中的近侍，即后世的宦官。勃鞮（dī低）：又叫寺人披（"披"是"勃鞮"合音），字伯楚。蒲城：春秋时期晋邑，在今山西隰县西北。勃鞮刺重耳在公元前655年。
② 祛（qū区）：袖口。 ③ 渭滨：渭水之滨。重耳在狄曾和狄君在渭滨打猎。 ④ 干：违反。指惠公限他三天刺死重耳，他却隔一宿便到了。二命：指晋献公、惠公两人的命令。
⑤ 好恶（hào wù 号务）不易：不把该喜欢的和厌恶的颠倒了。易，颠倒。 ⑥ 伊尹：商初大臣，帮助汤灭掉夏朝。因商王太甲即位后不理国政，被伊尹放逐。三年后太甲悔过，伊尹又使他复位。

以为侯伯①。乾时之役②,申孙之矢集于桓钩③,钩近于袪,而无怨言,佐相以终,克成令名。今君之德宇④,何不宽裕也?恶其所好⑤,其能久矣?君实不能明训,而弃民主。余,罪戾之人也,又何患焉?且不见我,君其无悔乎!"

于是吕甥、冀芮畏偪⑥,悔纳文公,谋作乱,将以己丑焚公宫⑦,公出救火而遂杀之。伯楚知之,故求见公。公遽出见之,曰:"岂不如女言,然是吾恶心也⑧,吾请去之。"伯楚以吕、郤之谋告公。公惧,乘驲自下⑨,脱会秦伯于王城⑩,告之乱故。及己丑,公宫火,二子求公不获,遂如河上,秦伯诱而杀之。

---

① 管仲贼桓公:指管仲曾为公子纠射中公子小白(后来的齐桓公)带钩的事。 ② 乾时之役:指公子纠和公子小白为争夺君位在乾时(地在今山东临淄东南)的战役,事在公元前685年。 ③ 申孙:一种箭的名称。 ④ 德宇:气度,器量。 ⑤ 恶其所好:厌恶他应该喜欢的。好,是勃鞮认为他自己是应该被喜欢的。 ⑥ 吕甥、冀芮(ruì锐)畏偪:吕甥、冀芮两人害怕被文公逼迫。因吕、冀两人是晋惠公的党羽,是文公的对头。冀芮即郤芮。偪,逼迫,这一意义后来写作"逼"。 ⑦ 己丑:古代记日的干支,这一天为公元前636年三月初一日。 ⑧ 恶心:在心里怨恨,指对人不宽恕。 ⑨ 驲(rì日):古代驿站专用的车。自下:从小道出走。自,从。下,小道。 ⑩ 脱会:脱身遁逃相会。王城:秦的城邑,在今陕西大荔东。

【翻译】

　　起初,晋献公派宫廷近侍勃鞮到蒲城去行刺重耳,重耳翻墙逃跑,勃鞮只砍掉了他的袖口。等文公回国后,勃鞮来求见,文公拒绝用他,并对他说:"从前骊姬诬陷我的时候,你在屏门内用箭射我,还到蒲城去杀我,砍掉了我的袖口。后来又接受惠公命令跟踪我到渭水岸边杀我,本来命令上说限你三天到达,你只隔一宿就到了。你违反了献公、惠公的命令,想要早日除掉我。我屡遭你谋害,你究竟对我有什么旧恨呢?你回去想想,改个日子再来见我。"勃鞮回答说:"我以为君主您已经知道君臣之间的道理了,所以才能回到晋国来;哪知道您还没懂得,那就又要逃亡国外了。侍奉君主没有二心,才算做臣子;不要把该喜欢什么和厌恶什么搞颠倒了,才能称为君主。懂得了君主要像君主,臣子要像臣子,这才叫做懂得法规。懂得法规并能坚持始终,才能成为百姓的君主。在献公、惠公时期,您只是普通的蒲人、狄人,对我有什么关系呢?除掉君主厌恶的人,要全力去做,怎么能有异心呢?现在您当了君主,就难道没有您所厌恶的那样一些蒲人、狄人了么?商代的伊尹放逐了商王太甲,最后还使太甲成为明君;管仲射过齐桓公,最后使桓公成为霸主。乾时之战,管仲用申孙之矢射中桓公的带钩,带钩比袖口更接近要害,桓公却无怨言,让管仲一直做齐相,使他得了好名声。现在您的气度,为什么不能像桓公那样宽大呢?厌恶您应该喜欢的人,怎么能长久保持君位呢?您实在是不明白事理,抛弃了做君主的道理。我本来是个有罪过的人,又有什么可担心的呢?您不见我,君主不会后悔么?"

  这时吕甥、冀芮害怕文公问他们的罪,后悔允许文公回国,计划谋反,要在己丑日放火烧毁文公的宫殿,趁文公出来救火便杀死他。勃鞮知道他们的阴谋,所以来求见文公。文公立即出来接见他,说:"难道不是像你说的那样么,但确实是我心里怨恨不能宽恕啊,我愿意改正错误。"于是勃鞮便把吕、郤的阴谋告诉给文公。文公很害怕,便乘驿站车从小路逃出,脱身到黄河岸上王城会见秦穆公,把吕、郤谋反的事告诉他。到了己丑日,文公的宫里起了火,吕、郤两人捉不到文公,他们便到黄河边去,穆公用计把吕、郤两人骗去杀了。

文公遽见竖头须

　　竖头须尽管是一个保管财物的小官，并曾偷窃财物，但他对掌管通报的人讲的话却十分有意义。一是他认为跟随重耳流亡的和留在国内的人同样有功劳，不能分出厚薄。二是国君不能仇恨犯过错误的人，因为这会招来更多人的恐惧。文公受到启发，才立刻接见他，表示接受他的意见。

文公之出也,竖头须①,守藏者也②,不从。公入,乃求见,公辞焉以沐③。谓谒者曰④:"沐则心覆⑤,心覆则图反,宜吾不得见也。从者为羁绁之仆⑥,居者为社稷之守,何必罪居者!国君而雠匹夫⑦,惧者众矣。"谒者以告,公遽见之。

【翻译】

　　晋文公逃离晋国时,竖头须当时是个保管库藏的人,没有跟从流亡。文公回国后,他来求见,文公用正在洗头发为借口拒绝接见。他便对掌管通报的人说:"洗头发要低头,一低头心就要倒过来了,心一倒过来思虑便要反常,怪不得我得不到接见。随从流亡的人给主人牵马服侍主人,留在国内的人是守护国家,为什么一定要怪罪留在国内的人呢!当国君的还记恨一个普通的人,那么害怕的人就多了。"管通报的人把这些话告诉给文公,文公立即接见了他。

---

① 竖:未成年的奴仆,年龄在十五岁以上十九岁以下。须:人名。又叫里凫(fú弗)须。头须在重耳逃出晋国时,偷了财物潜逃在外,挥霍尽财物后又回到晋国。 ② 守藏:保管库藏。 ③ 沐:洗头发。 ④ 谒者:替国君掌管通报的人。 ⑤ 覆:颠倒,倒过来。 ⑥ 羁绁(jī xiè击谢):管理马匹的人。羁,马络头。绁,马缰绳。 ⑦ 雠(chóu仇):仇敌,怨恨。

文　公　伐　原

　　晋文公讨伐原国，下令士兵只带三日军粮，期望三日内攻下原国。但过了三日原国并未投降，文公便下令撤军。因为他认识到信用是百姓赖以生存的，不能失信于民。晋文公所以能称霸，是和他取信于民分不开的。

　　文公伐原①，令以三日之粮。三日而原不降，公令疏军而去之②。谍出曰③："原不过一二日矣！"军吏以告，公曰："得原而失信，何以使人？夫信，民之所庇也，不可

---

① 原：姬姓小国，在今河南济源西北，文公伐原在公元前635年。　② 疏军：撤兵。疏，散，撤。　③ 谍：刺探军情的人。

失也。"乃去之,及孟门①,而原请降。

【翻译】

　　晋文公去进攻原国,限令只带三天军粮。攻打了三天却未能使原国投降,文公下令撤兵离去。刺探军情的人从城里出来说:"原国不出一两天就要投降了!"军官据情报告,文公说:"得到原国却要失掉信用,将来怎么使用百姓呢?信用,是百姓赖以生存的,不能失信于民。"于是撤离原国。当晋军走到孟门时,原国便请求投降。

---

　　① 孟门:原国地名。

文公救宋败楚于城濮

晋楚城濮之战,是晋文公进行争霸的一次决定性的战争。这次战争,晋国打败了楚军,奠定了晋文公的霸业。晋国之所以能打败楚军,绝不是一时的侥幸,而是晋文公回国后进行一系列的改革,取信于民的必然结果,也是与晋军临战善于用计谋分不开的。本文着重写晋国团结齐、秦,共同对楚;暗中满足曹、卫要求,分化对楚的向心力;并退避三舍,瓦解楚军斗志。这才一举战胜楚军。

文公立四年①，楚成王伐宋②，公率齐、秦伐曹、卫以救宋。宋人使门尹班告急于晋③，公告大夫曰："宋人告急，舍之则宋绝。告楚则不许我。我欲击楚，齐、秦不欲，其若之何？"先轸曰④："不若使齐、秦主楚怨⑤。"公曰："可乎？"先轸曰："使宋舍我而赂齐、秦⑥，藉之告楚。我分曹、卫之地以赐宋人。楚爱曹、卫，必不许齐、秦。齐、秦不得其请，必属怨焉⑦。然后用之，蔑不欲矣⑧。"公说，是故以曹田、卫田赐宋人。

　　令尹子玉使宛春来告曰⑨：请复卫侯而封曹⑩，臣亦释宋之围。"舅犯愠曰⑪："子玉无礼哉！君取一，臣取二，必击之。"先轸曰："子与之⑫。我不许曹、卫之请，是不许释宋也。宋众无乃强乎！是楚一言而有三施，子一言而

---

① 文公立四年：晋文公即位后的第四年，即公元前633年。　② 楚成王伐宋：楚成王因宋国背叛楚国去依附晋国，才去进攻宋国。　③ 门尹班：姓门名尹班，宋国的大夫。　④ 先轸：晋国名将，此时为晋国中军主将。因食采邑于原，又称原轸。　⑤ 主楚怨：使楚成为怨恨的对象，即激齐、秦怨楚。　⑥ 赂：贿赂，即送给人财物。　⑦ 属：结下。　⑧ 蔑(miè灭)：无。　⑨ 子玉：名成得臣，子玉是他的字。是楚国的令尹，城濮之战中的楚军统帅，战败自杀。宛春：楚国大夫。　⑩ 请复卫侯而封曹：请晋国恢复卫侯地位并重建曹国。复，恢复。封，建立。　⑪ 舅犯：即文公的舅舅狐偃，因字叫子犯，也称舅犯。愠(yùn运)：含怒，怨恨。　⑫ 与：给予，同意。

有三怨。怨已多矣,难以击人。不若私许复曹、卫以携之①,执宛春以怒楚,既战而后图之。"公说,是故拘宛春于卫。

子玉释宋围,从晋师②。楚既陈,晋师退舍,军吏请曰:"以君避臣,辱也。且楚师老矣,必败。何故退?"子犯曰:"二三子忘在楚乎③?偃也闻之:战斗,直为壮,曲为老。未报楚惠而抗宋④,我曲楚直,其众莫不生气⑤,不可谓老。若我以君避臣,而不去,彼亦曲矣。"退三舍避楚。楚众欲止,子玉不肯,至于城濮⑥,果战,楚众大败。君子曰:"善以德劝。"

【翻译】

晋文公即位四年,宋国背楚事晋,楚成王攻打宋国,于是文公就统率齐、秦的军队攻打曹、卫,用以牵制楚军,解救宋国。这时宋国派大夫门尹班来晋告急,文公对大夫们说:"宋国来告急,我们若置之不理便断绝了和宋的关系。我们去请求楚军不进攻宋国,人家又不答

---

① 携:离间。 ② 从晋师:追逐晋军。从,追逐,跟随。 ③ 二三子忘在楚乎:指在楚国受楚成王款待的盛情,并答应在作战时退避三舍。 ④ 抗:捍卫,救助。 ⑤ 生气:意气风发,斗志昂扬。 ⑥ 城濮:地名。在今山东鄄城临濮集,一说在今河南开封陈留附近。

应。我本想去打楚军,但是齐、秦不愿作战,怎么做好呢?"先轸说:"不如使齐、秦都去怨楚。"文公说:"能做得到吗?"先轸说:"让宋国抛开我们去给齐、秦送礼,借此机会向楚国表示为宋请命。我们把曹、卫两国的土地分给宋国。这样一来,楚为了爱护曹、卫,必然不答应齐、秦的要求。齐、秦没有达到他们请求的愿望,一定怨恨楚国。然后再用齐、秦攻楚,他们没有不愿意的。"文公大喜,就把曹、卫两国的土地给了宋国。

　　这样做了之后,楚军令尹子玉派楚大夫宛春到晋国要求说:"请晋国恢复卫、曹两国政权,我们也解除对宋国的围困。"舅犯恼怒地说道:"子玉实在是无礼啊!我们国君只要求解除宋围一件事,当臣子的他却要求解决卫、曹两件事,一定得进攻他。"先轸说:"您还是答应他的要求。我们若不答应他对曹、卫的请求,就是我们不让楚解除对宋国的围困。那么宋国不就要投降楚国,更加强了楚国的力量了吗?这样楚国的一句允诺的话便对三国有利,您的一句话却反而结了三国之怨。怨恨我们的国家增多了,就不容易打击敌人。不如私下里答应恢复曹、卫两国,用以离间他们和楚的关系,把宛春扣留起来激怒楚国,打完仗再想办法对付曹、卫。"文公很高兴,就把宛春扣留在卫国。

　　子玉解除了对宋的围困,但听说扣押了宛春便追击晋军。楚军排好阵势,晋军却后退30里。晋国的军官们要求说:"凭着国君的身份躲避子玉这个臣子的进逼,是耻辱的。况且楚军已经疲惫,一定会失败。我们为什么要撤兵?"子犯说:"你们忘掉文公逃亡楚国时答应过作战时要退避三舍吗?我狐偃听说:在交战中,理直就能士气高涨,理曲便会疲惫不堪。我们还没有报答楚国对我们的恩惠,就要援救宋国,这是我们理曲,楚军理直,楚军战士无不士气振奋,不能说是疲惫。假如我们以君主的身份躲避臣子的进攻,楚军还不撤兵,他们也就理曲了。"于是就后退了90里避开楚军。楚军战士都不愿意进攻了,子玉却不依,进军到城濮,两国果然开战,晋军把楚军打得大败。明白事理的君子说,先轸、子犯"善于用德来劝说晋君"。

晋语四

箕郑对文公问

晋国闹饥荒,晋文公问箕郑怎样救饥荒。他提出要在政治上对百姓树立起四种信用,便不会再穷困。这实际是说要政令得到百姓的信任,才是从根本上解决穷困的方法。晋文公接受了他的意见,不仅使他当箕地大夫,并使他当新上军的副将。

晋饥,公问于箕郑曰①:"救饥何以?"对曰:"信。"公曰:"安信?"对曰:"信于君心②,信于名③,信于令,信于

---

① 箕郑:即箕郑父,晋国大夫。 ② 信于君心:在国君心里用信,即指不因爱憎颠倒是非。 ③ 名:名义。指百官尊卑的职位。

事①。"公曰:"然则若何?"对曰:"信于君心,则美恶不逾。信于名,则上下不干。信于令,则时无废功。信于事,则民从事有业②。于是乎民知君心,贫而不惧,藏出如入③,何匮之有④?"公使为箴⑤。及清原之蒐⑥,使佐新上军⑦。

【翻译】

　　晋国遭到饥荒,文公问箴郑说:"用什么来救饥荒呢?"箴郑回答说:"用信。"文公问:"怎样用信呢?"回答说:"在国君的心里用信,在百官的名义上用信,在政令上用信,在让百姓做事上用信。"文公说:"那么究竟怎样做呢?"回答说:"在国君心里用信,就是要求国君分出好坏。在百官的名义上用信,就要使上下职权不相侵犯。在政令上用信,就要不误农时完成耕种收获。在让百姓做事上用信,就应使百姓安排好工作次序。这样一来,

---

　　① 事:指国家要百姓出的劳役。　② 业:次序。　③ 藏:储藏的财物。　④ 匮(kuì愧):缺乏,不足。　⑤ 为箴:即当箴地的大夫。箴,春秋时期晋地,在今山西太谷东35里。　⑥ 清原之蒐:在清原地方阅兵。清原,在今山西省稷山县东南20里。蒐,检阅军队。　⑦ 使佐新上军:让箴郑当晋新上军佐(赵衰为新上军将)。晋在清原之蒐编制成为五军,原为三军,增加新上、下二军。

百姓了解国君的意图，即使穷困也不用恐惧，拿出家财互相接济如同收藏在家中一样，怎么还能穷困呢？"文公便叫他当了箕地大夫，在清原检阅军队时，让他当新上军的副将。

文公任贤与赵衰举贤

晋文公选择军队将领的原则是德行和才干，也就是任人唯贤。赵衰曾先后推举郤縠、栾枝、先轸、胥臣、先且居、箕郑、胥婴、先都等贤才为将佐，他自己却三次推让不当卿、将，受到晋文公的赞美。晋文公所以能称霸和他能任用贤才是分不开的。赵衰能一心为国家推举人才，不计较个人名位的思想行为，也是极为可贵的。

文公问元帅于赵衰①,对曰:"郤縠可②,行年五十矣③,守学弥惇④。夫先王之法志⑤,德义之府也。夫德义,生民之本也。能惇笃者,不忘百姓也。请使郤縠。"公从之。公使赵衰为卿,辞曰:"栾枝贞慎⑥,先轸有谋⑦,胥臣多闻⑧,皆可以为辅佐,臣弗若也。"乃使栾枝将下军,先轸佐之。取五鹿,先轸之谋也。郤縠卒,使先轸代之。胥臣佐下军。公使原季为卿⑨,辞曰:"夫三德者⑩,偃之出也。以德纪民,其章大矣,不可废也。"使狐偃为卿,辞曰:"毛之智⑪,贤于臣,其齿又长⑫。毛也不在位,不敢闻命。"乃使狐毛将上军,狐偃佐之。狐毛卒,使赵衰代之,辞曰:"城濮之役,先且居之佐军也善⑬,军

---

① 元帅:职位是上卿,是全军的统帅。赵衰:即赵成子,字子余。曾随重耳在外流亡19年。 ② 郤縠(hú 胡):晋国大夫。 ③ 行年:经历过的年岁。 ④ 惇(dūn 敦):敦厚,笃实。 ⑤ 法志:可遵循的典籍,指《礼》、《乐》、《诗》、《书》等。志,书籍。 ⑥ 栾枝:晋国大夫,是栾共子的儿子。 ⑦ 先轸:晋国名将。因食邑于原,又称原轸。 ⑧ 胥臣:又名白季,司空季子。晋国大夫。 ⑨ 原季:即赵衰,晋文公二年时为原大夫。卿:这里指次卿。 ⑩ 三德:做的三种好事。指狐偃劝晋文公帮助周襄王复位,用以表示当臣子应该做的事;劝文公攻原国,向百姓表示讲信用;劝文公通过检阅军队向百姓表示应遵循的礼节。 ⑪ 毛:狐毛,狐偃的哥哥,晋国大夫。 ⑫ 齿:指人的年龄。 ⑬ 先且居:是先轸的儿子,即下文的蒲城伯。

伐有赏①,善君有赏②,能其官有赏③。且居有三赏,不可废也。且臣之伦④,箕郑、胥婴、先都在⑤。"乃使先且居将上军⑥。公曰:"赵衰三让⑦。其所让,皆社稷之卫也。废让,是废德也。"以赵衰之故,蒐于清原,作五军⑧。使赵衰将新上军,箕郑佐之;胥婴将新下军,先都佐之。子犯卒,蒲城伯请佐,公曰:"夫赵衰三让不失义。让,推贤也。义,广德也。德广贤至,又何患矣。请令衰也从子。"乃使赵衰佐新上军⑨。

【翻译】

　　晋文公问赵衰谁可以当元帅,赵衰回答说:"郤縠可以当元帅,他已经50岁了,越来越重视坚持学习。先王们可以遵循的典籍,是道德理义的宝库。道德理义,是百姓们的根本。能够对它重视的人,是不会忘掉百姓

---

① 军伐:军功。伐,功劳。　② 善君:用道义辅佐君主。　③ 能其官:能够完成职责,不发生错误。　④ 伦:同类,同辈。　⑤ 胥婴、先都:都是晋国的大夫。在:居于,处于。　⑥ 乃使先且居将上军:此时原上军将狐毛已死,使先且居当上军将,代替狐毛。　⑦ 赵衰三让:指晋文公让赵衰三次当卿,他推让三次。　⑧ 作五军:建立五军。晋国原有中军、上军、下军三军。公元前629年在清原通过检阅军队又增新上军、新下军两军,共为五军。　⑨ 新上军:当为"上军"。赵衰从新上军之将升为上军佐,是升一等,因新上军的将级列在上军之佐以下。

的。请让郤縠当元帅。"文公采纳了他的意见。文公便让赵衰当卿,他谦让说:"栾枝忠贞谨慎,先轸有谋略,胥臣知识丰富,都能够当辅臣,我不如他们。"于是让栾枝当下军主将,先轸为副将。攻取五鹿,就是先轸出的计谋。郤縠死后,文公就让先轸当了元帅。让胥臣当下军副将。文公又让赵衰当次卿,他推辞说:"那三件功德事——劝君主恢复周襄王地位表示臣子的职责、伐原国时表示守信用、检阅军队建立礼节,都是狐偃出的计谋。他用德行治理百姓,是非常明显的,狐偃不可不重用。"于是文公就让狐偃当卿,狐偃推让说:"狐毛的智谋比我强,论年岁又是我的兄长。如果他不在位,我就不敢答应您的命令。"文公便用狐毛为上军主将,让狐偃辅佐他。狐毛死后,文公又让赵衰继任上军主将,他推让说:"城濮战役,先且居辅佐治军得当,有军功的人应当得到赏赐,用正道帮助君主的人应当得到赏赐,能够完成自己职责的人应当得到赏赐。先且居有这三样应当得到的赏赐,不可不重用。至于像我这样的人,是和箕郑、胥婴、先都一样的,不能当此重任。"于是就让先且居做上军主将。文公说:"赵衰三次谦让,他所推让的人,都是捍卫国家的人才。废止谦让,便是废止德行。"因为赵衰谦让的缘故,文公在清原演练军队时,便在原有三军的基础上增设两军,共为五军。让赵衰当了新上军的主将,让箕郑辅佐他;让胥婴当新下军主将,先都辅佐他。狐偃死后,蒲城伯先且居请求任命新的上军之佐,文公说:"赵衰三次谦让都做得合于事理。谦让,是为了推举贤才;理义,是为了推广德行。德行推广了贤才就来了,还有什么可忧虑的呢?我想叫赵衰跟您在一起。"于是就让赵衰当了上军副将。

晋 语 五

臼季举冀缺

　　臼季向晋文公推荐冀缺,是根据他不忘恭敬。臼季认为一个人不忘恭敬,才能做好事情。但晋文公却因为冀缺是仇人的儿子,不愿用他。臼季认为只要是人才,即使是仇人的儿子,已不再反抗,便可录用。这种看法是重视人才的可贵思想。

臼季使①，舍于冀野②。冀缺薅③，其妻馌之④，敬，相待如宾。从而问之，冀芮之子也，与之归；即复命，而进之曰："臣得贤人，敢以告。"文公曰："其父有罪⑤，可乎？"对曰："国之良也，灭其前恶，是故舜之刑也殛鲧⑥，其举也兴禹。今君之所闻也。齐桓公亲举管敬子⑦，其贼也。"公曰："子何以知其贤也？"对曰："臣见其不忘敬也。夫敬，德之恪也⑧。恪于德以临事，其何不济！"公见之，使为下军大夫。

【翻译】

　　臼季奉命出使，在冀邑郊外住了一宿。他看到冀缺在田间除草，他的老婆给他送饭，互相敬重，像对待客人一般。臼季就去问他，原来竟是冀芮的儿子，便和他一同回来。向文公回报了差事后，就推荐冀缺说："我找到

---

① 臼季：又名胥臣，司空季子，是下军的副将。　② 冀：晋国邑名，在今山西河津东。野：郊外。　③ 冀缺：是冀芮（即郤芮）的儿子，后被晋文公封为卿，把冀邑封给他，所以叫冀缺。薅(hāo 蒿)：除掉田中杂草。　④ 馌(yè 叶)：给在田里耕作的人送饭。　⑤ 其父有罪：冀缺的父亲有罪，指晋文公元年（前636）冀芮和吕甥害怕晋文公对他们逼迫，谋杀晋文公，被秦穆公杀死。　⑥ 殛鲧(jí gǔn 极滚)：杀死鲧。鲧，是禹的父亲，因治水无功被舜处死。　⑦ 敬：管仲的谥号。　⑧ 恪(kè 课)：谨慎。

了一位贤人,冒昧地把他引来向您报告。"文公说:"他的父亲有罪,能够用他么?"臼季说:"这是国家的良才,要忘掉他前辈的罪恶。从前舜处死了鲧,却举用鲧的儿子禹。现在您所听到的是,齐桓公亲自举用管仲,可管仲是害过他的仇人。"文公问他:"您怎么知道他是贤人呢?"臼季回答说:"我看到他不忘恭敬。恭敬,是道德中严肃谨慎的表现。以对于道德持严肃谨慎的态度去对待事情,还有什么事情做不成呢?"文公接见了冀缺,叫他当了下军大夫。

赵宣子论比与党

赵宣子荐举韩厥为司马后,便派人用自己的车干扰军队行列,用以考验他能否认真执法。韩厥果然处死驾车仆人,赵宣子肯定了他的做法。赵宣子认为荐举人如果是从忠义目的出发的,便是"比";若是为个人营私目的出发,就是"党"。

赵宣子言韩献子于灵公①,以为司马②。河曲之役③,赵孟使人以其乘车干行④,献子执而戮之。众咸曰:"韩厥必不没矣⑤。其主朝升之,而暮戮其车,其谁安之!"宣子召而礼之,曰:"吾闻事君者比而不党⑥。夫周以举义⑦,比也;举以其私,党也。夫军事无犯,犯而不隐,义也。吾言女于君,惧女不能也。举而不能,党孰大焉!事君而党,吾何以从政?吾故以是观女。女勉之。苟从是行也,临长晋国者,非女其谁?"皆告其大夫曰:"二三子可以贺我矣!吾举厥也而中,吾乃今知免于罪矣。"

【翻译】

赵宣子向晋灵公推荐韩献子,让他当掌管军政的司马。在河曲战役时,赵宣子叫人用他的车干扰行军队伍,献子便逮住赶车的人把他处死了。人们都说:"韩厥

① 赵宣子:赵衰的儿子,名盾,又称赵孟。谥宣子。是晋国掌政的正卿。韩献子:韩厥。灵公:晋灵公,是襄公的儿子夷皋。 ② 司马:掌管军政和军赋的官。 ③ 河曲之役:公元前615年秦进攻晋,晋和秦在河曲开战。河曲,晋国地名,在今山西永济南,黄河从此转而向东,故称河曲。 ④ 干行:扰乱军队行列。 ⑤ 没:终,长久。 ⑥ 比:以义相结交。党:以私相结交。 ⑦ 周:忠信。

一定不能长久了。他的主子早晨升他为司马,晚上便杀死了他主子的车仆,谁能忍受得了呢!"宣子把韩厥找来并以礼对待他,说:"我听说事奉君主的人应该用道义互相结交而不应结党营私。用忠信推举正义的人,叫作比;从个人打算推荐人,叫作党。对军事行动任何人也不应干扰,如果干扰了便不能隐匿徇私,这是合乎事理的。我把你推荐给国君,唯恐你还不能胜任,那就是我最大的结党营私!事奉君主如果还结党营私,我怎么能管国政呢?所以我才用干扰军队的作法考察你。你要勉力去做。假如按照这个原则去做,将来掌管晋国大权的,除了你还能是谁呢?"赵宣子说完便向各位大夫们说:"你们可以祝贺我了!我荐举韩厥算是做对了,我现在才知道我没有犯荐举的过错。"

张侯御郤献子

　　晋齐靡笄之战,晋军所以能胜利,固然是三军将士共同奋战的结果,但统帅在受重伤情况下坚持战斗却起了决定性作用。由此可以看出,战争的胜败,往往是取决于指挥人员的素质、勇气和毅力。

　　靡笄之役①,郤献子伤②,曰:"余病喙③。"张侯御④,

---

① 靡笄(jī鸡)之役:指晋齐于公元前589年在靡笄进行的战役。靡笄,即今山东济南市南郊的千佛山。 ② 郤献子:名克,郤缺的儿子,晋卿。 ③ 喙(huì会):气短的样子,疲困。 ④ 张侯:解张,晋国大夫。

曰："三军之心，在此车也。其耳目在于旗鼓①。车无退表②，鼓无退声，军事集焉。吾子忍之，不可以言病。受命于庙③，受脤于社④，甲胄而效死，戎之政也⑤。病未若死，只以解志。"乃左并辔，右援枹而鼓之，马逸不能止⑥，三军从之。齐师大败，逐之，三周华不注之山⑦。

【翻译】

晋齐进行靡笄战役中，郤献子受了伤，说："我喘不上气来了。"张侯为他驾驶战车，说："三军将士们的心思，都在我们这辆主帅的战车上。他们的眼睛注视着车上的旌旗，耳朵听着车上的鼓声。只要这辆车上的旌旗不表示后退，不敲撤兵的鼓声，战斗就会胜利。您忍耐着，不应该表示痛苦。我们当统帅的在出征之前在宗庙里接受国君的命令，在社里得到赏赐的祭肉，穿着盔甲在战场上献出生命，是我们军人的职责。受伤还没有死，就表示痛苦，那只能瓦解斗志。"张侯说完就用左手

① 旗鼓：主帅车上载有旗鼓，是用以指挥军队的。 ② 表：旌旗。 ③ 受命于庙：在宗庙里接受命令，以表示郑重。 ④ 受脤（shèn 慎）于社：在社里接受祭肉。脤，古代祭祀社稷的生肉。 ⑤ 戎之政：军队里的事务。 ⑥ 逸：奔跑。 ⑦ 华不注：山名，在今济南市东北。

抓住马缰绳,右手拿着鼓槌擂鼓,马不停地奔驰,三军将士跟随前进。齐军被打得大败,晋军追杀齐军,绕华不注山追了三圈。

郤献子等各推功于下

鄢陵之战晋军获胜后，郤克、士燮、栾书进见国君景公，景公认为这次胜利是他们的功劳，但是将帅却异口同声地认为由于三军士兵听从指挥努力奋战才取得胜利。将帅们所以有这样的认识，可能是他们在战场上看到了士兵奋勇杀敌才取得了胜利。

鄢陵之役，郤献子见①，公曰②："子之力也夫③！"对曰："克也以君命命三军之士，三军之士用命，克也何力

---

① 郤献子：是鄢陵战役中晋军中军将，晋军的元帅。
② 公：晋景公，公元前599—前561年在位。　③ 力：功劳。

之有焉?"范文子见①,公曰:"子之力也夫!"对曰:"燮也受命于中军,以命上军之士,上军之士用命,燮也何力之有焉?"栾武子见②,公曰:"子之力也夫!"对曰:"书也受命于上军,以命下军之士,下军之士用命,书也何力之有焉?"

【翻译】

　　靡笄之战胜利后,郤献子进见晋景公,景公说:"这次战胜是你的功劳啊!"回答说:"我郤克用国君的命令,命令三军士兵,三军士兵听从指挥去作战,我郤克有什么功劳呢?"范文子进见景公,景公说:"这次战胜是你的功劳啊!"回答说:"我士燮接受中军命令,对上军发布命令,上军士兵听从指挥去作战,我士燮有什么功劳呢?"栾武子进见景公,景公说:"这次战胜是你的功劳啊!"回答说:"我栾书接受上军的命令,去指挥下军士兵,下军士兵听从指挥去作战,我栾书有什么功劳呢?"

---

① 范文子:名士燮(xiè谢),是晋军上军之佐。　② 栾武子:名书,当时是晋军下军将。

晋 语 六

赵 文 子 冠

赵文子行完冠礼之后去向前辈们求教,栾武子等四人各自提出对他做人的要求和希望,三郤对他却不大友善。最后张老对七人的谈话作了总结,指出栾、范、韩三人的期望足够为人处世之用,关键在于是否能照着去做。由此看来,古代贵族年满 20 岁行加冠礼之后,接受先辈的教导,既是加冠礼的组成部分,也是接受教育的宝贵机会,对他们以后为人处世都有极大的影响。

赵文子冠①,见栾武子②,武子曰:"美哉! 昔吾逮事庄主③,华则荣矣,实之不知,请务实乎。"

见中行宣子④,宣子曰:"美哉! 惜也,吾老矣⑤。"

见范文子⑥,文子曰:"而今可以戒矣,夫贤者宠至而益戒,不足者为宠骄。故兴王赏谏臣,逸王罚之⑦。吾闻古之王者,政德既成,又听于民,于是乎使工诵谏于朝⑧,在列者献诗使勿兜⑨,风听胪言于市⑩,辨袄祥于谣⑪,考百事于朝,问谤誉于路,有邪而正之,尽戒之术也。先王疾是骄也。"

见郤驹伯⑫,驹伯曰:"美哉! 然而壮不若老者多矣。"

---

① 赵文子:即赵武,是赵盾之孙,赵朔之子。冠(guàn贯):冠礼,古代男子20岁时举行成人礼,结发戴冠。 ② 栾武子:即栾书,下文称栾伯。 ③ 逮:赶上了。事庄主:侍奉庄主。庄,是赵朔的谥号。主,大夫称主。当时赵朔是下军将,栾书是下军佐,是赵朔的部下。 ④ 中行宣子:即荀庚,晋国大夫。 ⑤ 吾老矣:意为活不多久了,看不见文子将来修养如何了。 ⑥ 范文子:即范燮。 ⑦ 逸王:败亡的君主。 ⑧ 使工诵谏:让瞍瞍朗诵劝诫的言词。瞍是眼睛有瞳人的盲人,瞍是眼睛没有瞳人的盲人。诵谏,通过吟咏诗篇朗诵告诫的言词。 ⑨ 兜(dōu都):受蒙蔽,受迷惑。 ⑩ 风听胪言于市:采听商旅所传的言论。风,采集。胪言,传言。 ⑪ 袄祥:怪异和祥端。袄,怪异、邪恶的事物。 ⑫ 郤驹伯:即晋卿郤锜。

见韩献子①,献子曰:"戒之,此谓成人。成人在始与善②。始与善,善进善,不善蔑由至矣;始与不善,不善进不善,善亦蔑由至矣。如草木之产也,各以其物③。人之有冠,犹宫室之有墙屋也④,粪除而已⑤,又何加焉。"

见智武子⑥,武子曰:"吾子勉之,成、宣之后而老为大夫⑦,非耻乎!成子之文,宣子之忠,其可忘乎!夫成子导前志以佐先君⑧,导法而卒以政,可不谓文乎!夫宣子尽谏于襄、灵⑨,以谏取恶,不惮死进,可不谓忠乎!吾子勉之,有宣子之忠,而纳之以成子之文,事君必济。"

见苦成叔子⑩,叔子曰:"抑年少而执官者众⑪,吾安容子。"

见温季子⑫,季子曰:"谁之不如,可以求之。"

见张老而语之⑬,张老曰:"善矣,从栾伯之言,可以滋;范叔之教,可以大;韩子之戒,可以成。物备矣,志在

---

① 韩献子:即晋卿韩厥。 ② 始与善:开始就结交有道德的人。善,有道德的人。 ③ 各以其物:各种同类的生长在一起。物,类。 ④ 犹宫室之有墙屋也:就如同房屋有墙和房盖遮挡着。屋,泛指覆盖之物,在这里指房盖。 ⑤ 粪除:扫除脏物。 ⑥ 智武子:荀䓨,晋卿。 ⑦ 成:成子,指赵文子曾祖赵衰。宣:宣子,指赵文子祖父赵盾。 ⑧ 导前志:依据前代典籍。 ⑨ 襄、灵:晋襄公、晋灵公。 ⑩ 苦成叔子:郤犨(chōu抽)。 ⑪ 执官:当大夫。 ⑫ 温季子:郤至。 ⑬ 张老:"老"是名,字"孟",又称张孟,晋大夫。

子。若夫三郤,亡人之言也,何称述焉!智子之道善矣,是先主覆露之也①。"

【翻译】

赵文子举行了加冠礼后,去见栾武子,武子对他说:"你真漂亮啊!从前我还赶上服侍过你的先人庄主,你的光彩表现在面容上,却不知才干怎样,请致力充实才干吧!"

他又去见中行宣子,宣子说:"你真漂亮啊!可惜呀,我年纪大了,看不见你将来的修养了。"

他又去见范文子,文子说:"现在值得警惕的是,明白事理的人受到荣宠就越发谨慎,不明事理的人却为得到荣宠就骄傲起来了,所以兴盛时期的君主对敢提意见的人实行奖赏,败亡时期的君主对敢提意见的人却加以惩罚。我听说古时候的君王,在政治清明之后,还要倾听百姓们的议论,于是叫矇瞍在朝中朗诵前代规谏的言词,从公卿到列士都献上诗篇使君主不受蒙蔽,采纳听取市场上商旅们的流传言论,从民谣中辨别怪异和祥瑞,在朝廷中考核百官的职事,从道路行人口中征求对国君的批评和赞誉,发现过错便要改正,这都是自我警

---

① 覆露:荫庇,沾润。

戒的办法。古代先王就是厌恶骄傲的。"

他又去见郤驹伯,驹伯对他说:"你真漂亮啊!然而年轻少壮的人不如老年人的地方多着呢。"

他又去见韩献子,献子对他说:"你要时刻警惕,此刻你已是成年人了。一个成年人开始便要结交好人。开始就结交好人,好人再荐举好人,不好的人便无从到来了;倘若开始就结交不好的人,不好的人又引进不好的人,好人也就不能登门了。这好比草木的生长,它们的同类都生长在一起。人们戴上帽子,就好比宫室有院墙和房盖,只是用它阻挡遮住肮脏东西,再没有别的了。"

他又去见智武子,武子对他说:"您要努力去做,作为您曾祖成子、祖父宣子的后人到老才当个大夫,不是很难为情的吗?成子的文德,宣子的忠心,难道可以忘掉吗?成子依据前代典籍辅佐先君,运用法规管理政事,能不说他是有文德的吗?宣子尽力规劝襄公、灵公,就是因为规劝才招来怨恨,不怕死地进谏,能不说他是对国君有忠心的吗?请您努力,只要有宣子的忠心,再加上成子的文德,去侍奉国君就一定有所成就。"

又去见苦成叔子,叔子对他说:"年纪很轻但却想当官的人很多,我往哪里安排您呢?"

又去见温季子,季子对他说:"您假设自以为不如某人,便可向他学习。"

　　最后去见张老并把这些话都讲给他听,张老说:"好极了,您听从栾伯的话,可以得到教益;照着范叔的教导去做,可以扩大您的功业;接受韩子的劝诫,是可以成事的。作人的道理已经齐全了,能否做到全靠您的意志了。至于三郤说的,都是损人的一些话,没啥值得说的!智子的教导好极了,那是您先主留给您的恩泽啊!"

范文子论外患与内忧

　　晋楚鄢陵之战中,晋国大夫们主张和楚国作战,范文子持反对意见。因为他认为必须用刑罚整顿好国内,然后才能对外进行战争,内部还没整顿好,如果对外开战,会产生内忧,与其产生内忧,还不如留楚国、郑国当作外患。这是很有见地的看法,因为有外患这个压力,才能被迫搞好内政,也才能使政权延续下去。

鄢之役①,晋伐郑,荆救之②。大夫欲战,范文子不欲,曰:"吾闻之,君人者刑其民③,成④,而后振武于外,是以内和而外威。今吾司寇之刀锯日弊⑤,而斧钺不行⑥。内犹有不行,而况外乎?夫战,刑也,刑之过也。过由大,而怨由细,故以惠诛怨,以忍去过。细无怨而大不过,而后可以武,刑外之不服者。今吾刑外乎大人,而忍于小民,将谁行武?武不行而胜,幸也。幸以为政,必有内忧。且唯圣人能无外患,又无内忧,讵非圣人⑦,必偏而后可。偏而在外,犹可救也,疾自中起,是难。盍姑释荆与郑以为外患乎。"

【翻译】

　　晋楚鄢陵之战,晋国出兵去打郑国,楚军来救郑国。大夫们主张和楚作战,范文子不同意,他说:"我听说,做

---

① 鄢(yān 焉)之役:即晋楚鄢陵之战,发生在公元前575年。鄢陵,在今河南鄢陵西北。　② 荆:楚国的别称,因楚最初建在荆山(今湖北南漳西)一带,所以称荆。一说秦国称楚为荆,是因为避秦庄襄王名子楚之讳。　③ 刑其民:用刑罚整顿百姓。刑,整饬,纠正。　④ 成:平定,平服。　⑤ 司寇:掌管刑罚的官。刀锯:惩罚平民百姓的刑具,此指对平民百姓的惩罚。弊:过滥。　⑥ 斧钺:惩罚贵族的刑具,此指对大臣用刑。　⑦ 讵(jù 巨):假设,如果。

人君的要用刑罚整饬百姓，国内平定以后，才能对外显示武力，这样才能做到内部稳定并可威震国外。现在我们晋国掌管刑罚的司寇对平民百姓用刑太多，但是对大臣们却不加处罚。对内应该惩罚的不惩罚，何况对外呢？战争，也是一种惩罚，是惩罚有过错的罢了。过错是由大臣造成的，而怨恨是从平民百姓来的。应该用恩惠除掉怨恨，用狠心去掉过错。平民百姓既无怨恨，大臣们又无过错，然后才能动用武力，去惩罚外部不服从的敌人。现在我们不对大臣用刑，却对平民百姓狠心镇压，还能用谁去行施武力呢？不能发动百姓去进行战争却得到胜利，那是侥幸。用侥幸来治国，一定会产生内忧。况且只有圣人能够做到既无外患，又无内忧，如果不是圣人，必然只能偏得一样。假如偏得外患，国家还可以得到挽救，倘若病从内发，那才是个灾难。我们为什么不暂时丢开楚和郑，把它们留作外患呢？"

晋 语 七

悼公始合诸侯

晋悼公即位后,加强对外宣传,任命称职的人当将佐,在诸侯中影响很好,会合诸侯结盟,继晋文公之后又称霸诸侯。在鸡丘大会诸侯时,悼公弟弟扬干乘车冲乱军队行列,中军司马魏绛处死他的仆人,惹恼了悼公。魏绛给悼公写书札申明理由,并准备自杀。当悼公读过书札发现魏绛处死弟弟的仆人,完全是出于为会好诸侯着想,便对魏绛作了检讨,会后又对魏绛优礼相待并加重用。由此可见,悼公所以能继续称霸诸侯,主要是因为他能够抛开个人恩怨,以正确的态度处理军国大事的结果。

始合诸侯于虚打以救宋①,使张老延君誉于四方②,且观道逆者③。吕宣子卒④,公以赵文子为文也⑤,而能恤大事,使佐新军⑥。三年⑦,公始合诸侯⑧。四年,诸侯会于鸡丘⑨,于是乎布命、结援、修好、申盟而还⑩。令狐文子卒⑪,公以魏绛为不犯⑫,使佐新军,使张老为司

---

　　① 始合诸侯:指晋悼公于公元前573年即位并开始聚会诸侯。合,聚会。虚打(tīng厅):宋地,旧传在今山东泗水县境,一说在今河南睢县。救宋:当年楚国攻宋,宋向晋告急,晋悼公为称霸会合诸侯去救宋。楚军未战夜里溃退。　② 张老:又称张孟,晋大夫。延:陈述。　③ 道:道德。逆:逆乱。　④ 吕宣子:即吕相。是魏锜的儿子魏相。魏锜又叫吕锜,所以魏相也叫吕相。"宣"是谥号。　⑤ 赵文子:赵武。是赵盾之孙。　⑥ 使佐新军:据王引之《经义述闻》(以下简称《述闻》)卷二一:"'佐'字涉下文'使佐新军'而讹,'佐'当为'将'。"即让赵文子当新军将。　⑦ 三年:悼公即位的第三年,为公元前570年。　⑧ 始合诸侯:此次"始合诸侯",是指悼公即位四年会于鸡丘。已在此时开始。　⑨ 鸡丘:地名。在今河北邯郸市东南。　⑩ 命:命令,教令。在这里具体内容指规定朝聘礼节、共同遵守规定的原则,救助灾患等。　申盟:寻求结盟。　⑪ 令狐文子:即魏颉,因食邑在令狐,文子是谥号,所以称为令狐文子。　⑫ 魏绛:晋国大夫,魏犨之子,下文称魏庄子。

马①，使范献子为候奄②。公誉达于戎。五年，诸戎来请服③，使魏庄子盟之，于是乎始复霸④。

四年，会诸侯于鸡丘，魏绛为中军司马，公子扬干乱行于曲梁⑤，魏绛斩其仆。公谓羊舌赤曰⑥："寡人属诸侯⑦，魏绛戮寡人之弟⑧，为我勿失。"赤对曰："臣闻绛之志：有事不避难，有罪不避刑。其将来辞⑨。"言终，魏绛至，授仆人书而伏剑⑩。士鲂、张老交止之⑪。仆人授公，公读书曰："臣诛于扬干⑫，不忘其死。日君乏使，使臣狃中军之司马⑬。臣闻师众以顺为武⑭，军事有死无犯为敬⑮，君合诸侯，臣敢不敬。君不说，请死之。"公跣而出⑯。曰："寡人之言，兄弟之礼也。子之诛，军旅之事

---

①使张老为司马：让张老当司马。魏绛原来是司马，因当新军佐，所以让张老代替他。　②范献子：即士富，是范文子族弟。候奄：即元候，又叫候正。　③请服：请求归服。　④复霸：指继晋文公之后又称霸。　⑤扬干：晋悼公的弟弟。曲梁：地名，故城在今河北邯郸市东南鸡丘附近。　⑥羊舌赤：即铜鞮伯华，羊舌职的儿子。　⑦属(zhǔ主)：会合，集合。　⑧戮：羞辱。　⑨辞：说明情况。　⑩仆人：传达紧急奏事的官。伏剑：即负剑，剑放在脖子上，准备自杀。　⑪士鲂(fáng房)：士会的儿子，因食邑在彘，又称彘季，又称彘恭子，"恭"是谥号。交：共同。　⑫诛：责罚。　⑬狃(niǔ纽)：充当。　⑭顺：听从命令。　⑮有死无犯：宁肯死也不违犯命令。　⑯跣(xiǎn显)：光脚。

也,请无重寡人之过。"反役①,与之礼食②,令之佐新军③。

【翻译】

　　晋悼公在虚打开始会合诸侯去救助宋国,派出张老到各诸侯国宣扬悼公的声望,同时观察有德行和逆乱行为的诸侯。吕宣子逝世后,悼公因为赵文子有文德,而且能够关心军国大事,便命他代替宣子当新军将。悼公即位三年,悼公开始聚会诸侯。四年,便在鸡丘大会诸侯,在会上宣布了教令、结交支援、加强友好、寻求结盟之后回国。这时令狐文子去世,悼公因为魏绛忠顺,便让他代替令狐文子当新军副将。使张老代替魏绛当司马,使范献子代替张老当候奄。悼公声望远远传播到各戎族地方。五年,各地戎族自动来归附晋国,悼公派魏庄子和他们结盟,于是继晋文公之后又称霸诸侯。

　　四年,悼公在鸡丘大会诸侯时,魏绛是中军司马,悼公的弟弟公子扬干在曲梁地方冲乱了军队行列,魏绛为处罚干扰军队的过错杀了扬干的仆人。悼公得知后对羊舌赤说:"我大会诸侯,魏绛却羞辱了我的弟弟,替我

---

①　反役:盟会以后回国。　②　礼食:公招待大夫吃饭的礼节。　③　佐新军:当新军佐将。

逮住他别让他跑了。"羊舌赤回答说："我听说过魏绛这个人的志行：有了祸事不逃避灾难，有了罪行不逃避刑罚。他会来向你说明情况的。"话刚说完，魏绛就来了，他把写给悼公的书札交给掌管传达奏事的人，自己低头伏在剑上，准备自杀。士鲂和张老一齐阻止他自刎。传达奏事的人把书札送给悼公，悼公念书札说："我对扬干的责罚，无论如何不能放过，因此处死他的仆人。此前君主缺少人手，让我当了中军的司马。我听说在军队里以服从命令为勇武，以对军事至死不违犯纪律为敬慎，君主会合诸侯，我不敢不认真去做。如果君主不高兴，我愿意为此请死。"悼公读完书信急得光着脚跑出去，对魏绛说："我说的话，是出于对弟弟的礼貌；你对扬干的处罚，是军队里应该执行的，请您不要加重我的过错。"会合诸侯后回来，悼公用对待大夫的礼节宴请他，并让他当新军副将。

晋　语　八

阳毕教平公灭栾氏

　　晋平公苦于内乱不断,便向阳毕问讯对策,阳毕教他除掉栾盈这个祸根才能安定。但是平公认为栾书虽然杀了厉公,却立了他的父亲悼公,栾书的孙子栾盈又没犯罪,不好下手。阳毕劝平公要从长治久安打算,不要因私恩忘掉栾氏的罪行,平公才赶走栾氏旧党和栾盈,最后消灭栾氏。这一史事说明统治阶级为了巩固政权,想方设法消灭威胁自己的异己势力。当然,这种做法给晋国带来20年的安定,直到晋平公死前再没发生内乱,也还是应给以肯定的。

平公六年①，箕遗及黄渊、嘉父作乱②，不克而死。公遂逐群贼③，谓阳毕曰④："自穆侯以至于今⑤，乱兵不辍，民志不厌⑥，祸败无已。离民且速寇⑦，恐及吾身，若之何？"阳毕对曰："本根犹树⑧，枝叶益长，本根益茂，是以难已也。今若大其柯⑨，去其枝叶，绝其本根，可以少闲⑩。"

　　公曰："子实图之。"阳毕曰："图在明训，明训在威权，威权在君。君抡贤人之后有常位于国者而立之⑪，亦抡逞志亏君以乱国者之后而去之，是遂威而远权⑫。民畏其威，而怀其德，莫能勿从。若从，则民心皆可畜⑬。畜其心而知其欲恶⑭，人孰偷生？若不偷生，则莫思乱

---

① 平公六年：公元前552年。晋平公为悼公之子，名彪。 ② 箕遗、黄渊、嘉父：都是晋国大夫，是栾盈的同党。作乱：赵盾执政，想驱逐箕遗等一伙人，被他们发觉，起而叛乱，被镇压。 ③ 群贼：指智起、中行喜、州绰、刑蒯等，也是栾盈的同党，都被赶到齐国。 ④ 阳毕：晋国大夫。 ⑤ 穆侯：为唐叔第八代孙，桓叔的父亲，晋国内乱即从桓叔时开始的。 ⑥ 厌：满足。 ⑦ 离民：背离百姓。速寇：招来寇贼，速，召来。 ⑧ 本根：树根。在此指祸乱的根源。 ⑨ 柯：斧柄。 ⑩ 闲：安静。 ⑪ 抡：选择。有常位于国者：指对晋国有功世代为官，后来失掉职位的人。 ⑫ 遂：申张。远权：久远地掌握政权。 ⑬ 畜(xù序)：培养。 ⑭ 欲恶：所想要的和所厌恶的。

矣。且夫栾氏之诬晋国久也①,栾书实覆宗②,弑厉公以厚其家,若灭栾氏,则民威矣。今吾若起瑕、原、韩、魏之后而赏立之③,则民怀矣。威与怀各当其所,则国安矣,君治而国安,欲作乱者谁与?"

君曰:"栾书立吾先君④,栾盈不获罪⑤,如何?"阳毕曰:"夫正国者,不可以昵于权⑥,行权不可以隐于私。昵于权,则民不导;行权隐于私,则政不行。政不行,何以导民?民之不导,亦无君也,则其为昵与隐也,复害矣,且勤身⑦。君其图之!若爱栾盈,则明逐群贼,而以国伦数而遣之,厚箴戒图以待之⑧。彼若求逞志而报于君,罪孰大焉,灭之犹少。彼若不敢而远逃,乃厚其外交而勉

---

① 诬:做坏事却得到好处。此指栾书于公元前573年杀死晋厉公,虽是坏事,但国人因厉公无道又感激栾书。② 覆宗:消灭了晋国公室的长支。此指栾书杀晋厉公,即覆灭了晋的大宗。宗,即大宗,始祖的长子一支。 ③ 瑕:瑕嘉。原:原轸。韩:韩万。魏:毕万,晋厉公时灭魏,封毕万于魏。以上诸人都是有功于晋国的人。 ④ 先君:指晋悼公。为栾书杀晋厉公后所立。 ⑤ 栾盈:即栾怀子,是栾书的孙子,栾黡的儿子。不获罪:没有犯罪。此指栾盈母亲范祁与人私通,便向赵盾诬告栾盈谋反,所以说他没有犯罪。 ⑥ 昵于权:只从眼前政权着想。 ⑦ 勤:劳苦。 ⑧ 厚箴(zhēn 针):严厉规戒。戒图:防范图谋不轨。

之①,以报其德,不亦可乎?"

公许诺,尽逐群贼而使祁午及阳毕适曲沃逐栾盈②。栾盈出奔楚。遂令于国人曰:"自文公以来有力于先君而子孙不立者,将授立之③,得之者赏。"居三年,栾盈昼入④,为贼于绛⑤。范宣子以公入于襄公之宫⑥,栾盈不克,出奔曲沃,遂刺栾盈,灭栾氏。是以没平公之身无内乱也。

【翻译】

晋平公六年,箕遗和黄渊、嘉父等反叛,没有成功而被杀死。平公赶走栾盈的另一些党羽之后,对阳毕说:"自从穆侯以后到现今,内乱不断,民心不满,祸患没完没了。背弃了百姓将要招来贼寇,我害怕灾祸临到我身上,怎么做好呢?"阳毕回答说:"祸患的根子还树立在那

---

① 厚其外交:优待栾盈所逃亡的国家。意在勉励和报答栾盈。 ② 曲沃:即今山西曲沃,是栾盈的封邑。 ③ 授立:授给爵位使当官。 ④ 栾盈昼入:指栾盈白日攻入绛。栾盈到楚后又逃到齐国,齐庄公于公元前550年派析归父护送栾盈及其党羽回曲沃,四月栾盈率死党在魏舒掩护下大白天攻入绛。 ⑤ 绛:当时的晋国都城,在今山西曲沃西南。 ⑥ 范宣子:即范匄("丐"的另一种写法),是士燮的儿子。"宣子"是谥号。襄公之宫:晋襄公的宫室。因襄公旧宫坚固,以防栾盈攻入。

里,枝叶长得越大越多,树根也越粗越深,所以是难以制止的。现在若能加长斧柄,用它砍去枝叶,挖出它的老根,祸乱便可以稍微停息一段时间。"

平公说:"您来谋划这件事。"阳毕说:"对付栾盈乱党的关键在于法规,法规的关键在于权威,实行权威的关键在于国君。国君应该选择那些世代对晋国有功而后来权势逐渐衰弱的贤人的后代,把他们树立起来,也应该挑选那些一意孤行损害国君扰乱国家的人的后代,把他们赶出国外,这样就能申张国君的权威而使国家政权长治久安了。百姓害怕国君的权威,怀念国君的恩德,就再没有人不服从国君的了。如果服从国君,那么民心就可以培养教导。培养教导民心就可以掌握他们的爱好和厌恶,谁还能苟且偷生呢?如果百姓不苟且偷生,就不会有人想搞叛乱了。并且栾氏祸乱晋国从而得到好处的时间已经够久了,正是栾氏覆灭了晋国大宗,杀死厉公增加了他家的势力,如果消灭了栾氏,那么百姓就会感觉到国君的权威了。现今我们如果能起用瑕嘉、原轸、韩万、毕万的后人并且加以奖赏树立,那么百姓也就想念国君的恩德了。百姓既感到国君的权威又想念国君的恩德,那么国家也就安定了,君主治理得好国家就安定,即使有人想搞叛乱,又有什么人支持呢?"

平公说:"栾书拥立我的先君,栾盈又没有犯罪,怎么好灭绝栾氏呢?"阳毕回答说:"整顿国家的人,不应该只从眼前打算出发,施行国家权力不应该由于私恩便隐蔽别人的罪行。只从眼前打算出发,就教导不好百姓;施行国家权力由于私恩隐蔽罪行,那么政令就行不通。政令行不通,又用什么去教导百姓?不教导百姓,也就等于没有君主。国君的事情如果只是从眼前打算和隐蔽罪行方面去做,反而会受到危害,而且还要给国君增添劳苦。您还是对此多加考虑吧!如果舍不得栾盈,就明确下令驱逐他的同党,并且要用国家的理法数落栾盈的罪行把他打发走,严厉地规劝他防范他图谋不轨。栾盈如果想用叛乱报复国君,他的罪行就再严重也没有了,灭绝他的宗族还嫌不够。他若是不敢谋反却远逃出去,就可以给他所在的国家多馈赠礼物劝勉他,用以报答他的好处,不也是可以的吗?"

平公同意了阳毕的意见,把栾盈的旧党全部赶走,并派祁午和阳毕到曲沃驱逐栾盈。栾盈逃亡到楚国。平公便向国人发出命令说:"从文公以来有功于先君但是后来子孙不当政的人,要给爵位立为大夫,有能找到他们送到朝廷的也加以奖赏。"过了三年,栾盈在光天化日之下进入晋国,到都城绛作乱。范宣子把平公送到襄公的宫殿,栾盈没有攻入,逃奔到曲沃,晋军打到曲沃杀死了他,灭掉了栾氏。从此在平公有生之年再没有发生内乱。

范宣子与和大夫争田

晋国上卿范宣子与和大夫由于争执田界得不到解决，便想动用武力，却得不到大夫们的支持。最后被迫去征求家臣訾祏的意见，訾祏对他讲述了他的先人子舆、武子、文子在晋国公而忘私地做出的丰功伟绩，说他仰赖先人功绩享受禄位，在国家没有内忧外患的情况下，却怨恨和大夫，怎么能治好国呢？这才使范宣子回心转意，主动和解了争端。这一事件说明一个国家的当权人，往往为一家利益容易忘掉自己把国家治好管好的重任，只有当他比较清醒的时候，才能以国事为重，改变斤斤计较个人得失的狭隘思想。

范宣子与和大夫争田①,久而无成②。宣子欲攻之,问于伯华③。伯华曰:"外有军,内有事。赤也,外事也④,不敢侵官⑤。且吾子之心有出焉,可征讯也⑥。"问于孙林甫⑦,孙林甫曰:"旅人⑧,所以事子也,唯事是待。"问于张老⑨,张老曰:"老也以军事承子,非戎,则非吾所知也。"问于祁奚⑩,祁奚曰:"公族之不恭,公室之有回⑪,内事之邪,大夫之贪,是吾罪也。若以君官从子之私,惧子之应且憎也⑫。"问于籍偃⑬,籍偃曰:"偃也以斧钺从于张孟,日听命焉,若夫子之命也,何二之有?释夫子而举,是反吾子也。"问于叔鱼⑭,叔鱼曰:"待吾为子杀之。"

---

① 范宣子:即范匄,"宣子"是谥号,当时是晋国上卿,掌管晋国大权。和大夫:晋国和邑的大夫。争田:争田地疆界。 ② 成:平息。 ③ 伯华:羊舌赤的字,当时是中军尉之佐。 ④ 外事:指军事。 ⑤ 侵官:管非本职以外的事务,叫做侵官。 ⑥ 征讯:召来问讯。 ⑦ 孙林甫:即孙文子,原为卫国大夫。公元前559年孙林甫驱逐卫献公立公孙剽当国君,公元前547年宁喜杀剽又立献公,林甫便叛卫到晋国。 ⑧ 旅人:客人。 ⑨ 张老:名老,字孟,下文称张孟。此时张老是上军将。 ⑩ 祁奚:高梁伯的儿子,字黄羊。因食邑在祁,叫作祁大夫。祁,在今山西祁县东南。祁奚是公族大夫,即掌管国君同族事务的官。 ⑪ 回:邪僻。不正当行为。 ⑫ 惧子之应且憎也:害怕您表面答应心里却恨我。 ⑬ 籍偃:即籍游,当时是上军司马。 ⑭ 叔鱼:叔向的兄弟。

叔向闻之①，见宣子曰："闻子与和未宁，遍问于大夫，又无决，盍访之訾祏②。訾祏实直而博，直能端辨之③，博能上下比之，且吾子之家老也④。吾闻国家有大事，必顺于典刑⑤，而访咨于耇老⑥，而后行之。"司马侯见⑦，曰："闻吾子有和之怒，吾以为不信。诸侯皆有二心，是之不忧，而怒和大夫，非子之任也⑧。"祁午见⑨，曰："晋为诸侯盟主，子为正卿，若能靖端诸侯⑩，使服听命于晋，晋国其谁不为子从，何必和？盍密和⑪，和大以平小乎！"

宣子问于訾祏，訾祏对曰："昔隰叔子违周难于晋国⑫，生子舆为理⑬，以正于朝，朝无奸官；为司空⑭，以正

---

① 叔向：即羊舌肸，叔向是字。是晋国的上大夫，晋平公的太傅。 ② 訾祏(zī shí 资石)：范宣子的家臣。 ③ 端辨：详审辨明。端，详审。 ④ 家老：大夫家中的宰臣。职务有宰、司徒、司马等。 ⑤ 典刑：旧法、常规。 ⑥ 耇(gǒu 苟)老：老年人。 ⑦ 司马侯：即汝叔齐。 ⑧ 任：职责。 ⑨ 祁午：祁奚的儿子，当时是中军尉。 ⑩ 靖端诸侯：使诸侯安定端正。指不让诸侯互相征伐。端，端正。 ⑪ 密：亲切。 ⑫ 隰(xí 席)叔子：杜伯的儿子。周宣王杀杜伯，隰叔子为避难逃到晋国。 ⑬ 子舆：士蒍(wěi 伟)的字。理：法官。 ⑭ 司空：掌管工程的官。

于国,国无败绩①。世及武子②,佐文、襄为诸侯③,诸侯无二心。及为卿,以辅成、景④,军无败政。及为成师⑤,居太傅⑥,端刑法,缉训典⑦,国无奸民,后之人可则,是以受随、范⑧。及文子成晋、荆之盟⑨,丰兄弟之国,使无有间隙⑩,是以受郇、栎⑪。今吾子嗣位,于朝无奸行,于国无奸民,于是无四方之患,而无外内之忧,赖三子之功而飨其禄位⑫。今既无事矣,而非和,于是加宠,将何治为?"宣子说,乃益和田而与之和。

【翻译】

范宣子与和大夫争田地边界,经过很长时间没有解

---

① 败绩:败坏事业。 ② 世及:父死子继叫世。指士蒍传递给儿子成伯缺,成伯缺传递给儿子士会。武子:即士会。 ③ 文、襄:晋文公、晋襄公。 ④ 成、景:晋成公、晋景公。 ⑤ 成:是"景"的错字,不是晋成公而是晋景公。师:当是"帅"的错字。这是因为公元前600年晋成公死,公元前599年晋景公即位。公元前593年景公请周王同意任命士会当中军将。下文"居太傅"也是在这一年。 ⑥ 太傅:官名,三公之一,辅佐国君的官。 ⑦ 缉:收集编次。训典:教导的常规、法则。 ⑧ 随、范:晋国的两个邑名。 ⑨ 文子:士燮,是武子的儿子。成晋、荆之盟:完成晋和楚的结盟。这是晋派士燮于公元前579年在宋国西门外主持下完成的。 ⑩ 间隙:隔阂。 ⑪ 郇、栎(xún lì旬力):晋国的两个邑名。 ⑫ 三子:指范宣子的三个先人子舆、武子、文子。

决。宣子想动用武力,于是问到伯华。伯华回答说:"对外有军事行动,对内有内政。我羊舌赤,是管对外军事行动的,不敢侵犯管内政官的职权范围。您若有心对外用兵,可以把我叫来问问。"问到孙林甫,孙林甫回答说:"我是在晋国寄居的客人,是为您服务的,不敢违命。"问到张老,张老回答说:"我张老在军事上受您指挥,除军事之外,我就无所知了。"问到祁奚,祁奚回答说:"公族中如果有人不够恭谨,朝廷里有人不正经,朝内办事邪妄,大夫们贪婪无厌,这是我的罪过。如果用国君的官给您办私事,我害怕您表面上接受这种做法而在内心里却憎恨我。"问到籍偃,籍偃回答说:"我籍偃是为张老执掌刑法的,每日都听从他的命令,如果是张老发的命令,那还有什么二话可说的?我背弃张老的命令去做,那就是反对您了。"问到叔鱼,叔鱼回答说:"等我替您杀了他。"

　　叔向听到后,去见宣子说:"听说您与和大夫的事还没完,问遍了各大夫,又没有一个决断,何不去征求訾祏的意见。訾祏朴实直爽而且知识广博,直爽就能做正确的分析,知识广博就能进行古今对比,而且他又是您的老臣。我听说国家发生大事,一定要按照常规去办,还要向长者征询意见,然后才能去执行。"司马侯进见宣子,说:"听说您对和大夫气恨,我认为不可能是事实。目前诸侯都有叛离晋国的念头,您对这件事不感到忧愁,却恼恨和大夫,这不是您所应该做的。"祁午进见宣子,说:"晋国是诸侯的盟主,您是国家掌握政权的上卿,假如能够叫诸侯安定行为端正,让他们归服并听从晋国的命令,那么晋国里还有谁能不听从您的,岂止和大夫?为何不同他亲密和好,用与诸侯和好的大德来平息与和大夫的小怨!"

宣子去问訾祏,訾祏回答说:"从前隰叔子从周避难来晋国,生了子舆当法官,整顿朝廷,朝廷里就没有邪恶的官员;又当司空,整顿国家,国家就没有出现败坏的事业。子舆传到武子时,武子辅佐文公、襄公称霸诸侯,诸侯们没有叛离晋国的念头。及至做了卿,辅佐成公、景公,军队中没产生过弊端。到了做景公军帅的时候,又处在太傅的职务上,武子使刑法公平,当时国内没有不守法的百姓,编次教导的法规,后人也可以有所遵循,因此受封随、范两邑。到文子的时候他完成了晋、楚的会盟,加深了兄弟国家间的感情,使晋楚之间没有隔阂,因此受封郇、栎两邑。现在您继承先人职位,在朝中没有奸邪行为的官员,在国内没有为非做歹的百姓,此时又没有四方的忧患,因为没有外患内忧,就只凭子舆、武子、文子三人的功劳享受禄位。现今国家太平无事了,您却怨恨和大夫,想借此增加您的荣宠,您将怎样治国呢?"宣子听后很高兴,就增加了和大夫的田地而与他和好了。

叔向谏杀竖襄

晋平公射鷃雀不死要杀竖襄,叔向便用歌颂晋国始祖唐叔射兕的勇敢和他的无能对比,要他快些杀人灭口,以免丑闻外传,才使平公感到羞愧,赦免了竖襄。这种反话正说的劝谏方式,既富幽默感,效果又极好,是一篇难得的妙文。

平公射鷃①,不死,使竖襄搏之②,失。公怒,拘将杀之。叔向闻之,夕,君告之。叔向曰:"君必杀之!昔吾

---

① 鷃(yàn晏):鷃雀,鹌鹑类的小雀。 ② 竖:宫内没成年的奴仆。襄:该奴仆的名字。搏(bó博):捕捉。

先君唐叔射兕于徒林①,殪②,以为大甲,以封于晋。今君嗣吾先君唐叔,射鷃不死,搏之不得,是扬吾君之耻者也。君其必速杀之,勿令远闻!"君忸怩③,乃趣赦之④。

【翻译】

　　晋平公射鷃雀,没有射死,便叫小奴仆竖去捕捉,但没有捉到。平公大怒,把他拘押起来想要杀死他。叔向听到后,晚上进见平公,平公把这件事告诉了他。叔向对平公说:"君主一定得把他杀了!从前我们先君唐叔在徒林射兕牛,一箭就射死了,用兕牛皮做了一副大铠甲,由于这种勇敢行为被封为晋君。现在君主继承我们先君唐叔当国君,射个小鷃雀还射不死,捉又没捉到,这是宣扬我们君主的耻辱。您还是快些把他杀死,别叫此事传播到远处去!"平公脸上显出羞愧的面容,就立即放了竖襄。

---

① 唐叔:周武王的儿子,名虞,晋的始祖。兕(sì 寺):古代犀牛一类的动物。徒林:林名。　② 殪(yì 意):一箭射死。　③ 忸怩(niǔ ní 纽尼):羞愧的样子。　④ 趣(cù 促):赶快。

叔向论忧德不忧贫

　　韩宣子虽然是晋国的卿却愁自己的穷,叔向却向他祝贺。他举例说,栾书当年也很穷,但他有德行,遵守法规,在国内外都有很好的影响,所以即使他杀了晋厉公也不被指责,原因就是他有德行。但栾书的儿子巧取豪夺,大发横财,致使他的孙子被赶出国外。郤至的家财敌得半个公室,家人当将佐的占三军之半,却骄横奢侈,一朝灭亡,就是因为他们虽然富有却缺少德行的结果。这些实例教育了韩宣子,使他认识到不应该愁穷,而应该愁德行没有建立起来。不然,有财无德,早晚是祸。

叔向见韩宣子①,宣子忧贫,叔向贺之。宣子曰:"吾有卿之名,而无其实,无以从二三子,吾是以忧,子贺我何故?"对曰:"昔栾武子无一卒之田②,其宫不备其宗器③,宣其德行,顺其宪则,使越于诸侯④,诸侯亲之,戎、狄怀之,以正晋国,行刑不疚⑤,以免于难。及桓子骄泰奢侈⑥,贪欲无艺⑦,略则行志⑧,假贷居贿⑨,宜及于难,而赖武之德,以没其身。及怀子改桓之行⑩,而修武之德,可以免于难,而离桓之罪⑪,以亡于楚。夫郤昭子⑫,其富半公室,其家半三军,恃其富宠,以泰于国,其身尸于朝,其宗灭于绛。不然,夫八郤,五大夫三卿⑬,其宠大矣,一朝而灭,莫之哀也,唯无德也。今吾子有栾武子之贫,吾以为能其德矣,是以贺。若不忧德之不建,而患货之不足,将吊不暇,何贺之有?"宣子拜,稽首焉,曰:"起

---

① 韩宣子:韩起,"宣子"是谥号。晋国的卿。 ② 栾武子:栾书,"武子"是谥号,他是晋国的上卿。上卿的禄位应有一旅之田五百顷。一卒之田:一百顷田地。这是上大夫的俸禄。 ③ 宗器:祭祀用的器具。 ④ 越:传播声誉。 ⑤ 行刑不疚:指栾书杀晋厉公却不被责难。疚,病患,忧虑。 ⑥ 桓子:栾黡(yǎn 演),栾书的儿子。骄泰:傲慢达到极点。泰,骄纵。奢侈。 ⑦ 无艺:没有限度。艺,标准,准则。 ⑧ 略:触犯。 ⑨ 假贷:放高利贷。居贿:存储财物。 ⑩ 怀子:栾盈。栾黡的儿子。 ⑪ 离:通"罹",遭受。 ⑫ 郤昭子:郤至。 ⑬ 三卿:指郤锜、郤犫、郤至。

也将亡,赖子存之,非起也敢专承之,其自桓叔以下嘉吾子之赐①。"

【翻译】

　　叔向去见韩宣子,宣子正为贫困发愁,叔向却向他祝贺。宣子说:"我有卿的名义,却没有卿的实际,没有财物可以跟卿大夫们交往,因此我才发愁,您倒来祝贺我,这是什么缘故?"回答说:"从前栾武子是上卿却连上大夫的田产都没有,他家里祭器都不齐全,但他却能发扬美德,遵守法规,使他的声誉传遍诸侯,诸侯对他亲近,戎、狄各族归服他,因此使晋国安定下来,虽然他杀了厉公却不被指责,免除了杀君的罪名。当传位到他的儿子桓子时却大肆骄横奢侈,贪婪无厌,干犯法纪任意胡为,借贷谋利囤积财物,他本应遭受祸患,但却靠着父亲武子的余德,才得以善终。到怀子时一改桓子的行为,学习他祖父武子的德行,他本应免除灾患,但因受到父亲桓子罪孽的牵连,只好逃亡到楚国。那个郤昭子,他的家财足有晋国公室的一半,他家在三军中当将佐的

----

① 桓叔:名成师,号桓叔,晋穆侯之子,封在曲沃,称为曲沃桓叔。桓叔的儿子名万,封在韩邑,称韩万。所以韩起尊桓叔为韩氏的祖先。

人占了半数,仗恃自己的财力和权势,在晋国过着极其奢侈的生活,结果他被陈尸在朝堂上,他的家族在绛地被杀绝。假如不是这样,那么八个郤氏,其中有五个大夫三个卿,他们的权势可够大了,可是却在一天之间被杀光,没人哀怜他,这只是因为没有德行的缘故。现今您有栾武子的清贫的境况,我认为您已具有他的德行,所以才祝贺。假如不愁没有建立德行,却愁财货不多,那就连吊问您都来不及,还会有什么祝贺?"宣子于是下拜叩头,说:"我韩起将要灭亡了,全靠您保全了我,不单我韩起一个人敢独受您的恩德,连我始祖桓叔以下各辈都要感激您的赐与。"

晋 语 九

中行穆子帅师伐狄围鼓

中行穆子伐狄,围困狄的鼓城。他拒绝接受狄的叛将投降,目的在于不奖励奸诈行为,同时奖励夙沙釐对原鼓君忠贞不二的思想作风。他们这种做人和对待事物的严肃态度,是很值得深思的。

中行穆子帅师伐狄①,围鼓②。鼓人或请以城叛,穆子不受。军吏曰:"可无劳师而得城,子何不为?"穆子曰:"非事君之礼也。夫以城来者,必将求利于我。夫守

---

① 中行穆子:中行伯,中行偃之子,晋大夫。"穆子"是谥号。狄:鲜虞国。伐狄事在公元前527年。 ② 鼓:国名,姬姓,是白狄的别种,当时属于鲜虞。国境在今河北晋州。

而二心,奸之大者也;赏善罚奸,国之宪法也。许而弗予,失吾信也;若其予之,赏大奸也。奸而盈禄,善将若何?且夫狄之憾者以城来盈愿①,晋岂其无?是我以鼓教吾边鄙贰也。夫事君者,量力而进,不能则退,不以安贾贰②。"令军吏呼城,儆将攻之,未傅而鼓降③。中行伯既克鼓,以鼓子苑支来④。令鼓人各复其所,非僚勿从⑤。

鼓子之臣曰夙沙釐,以其孥行⑥,军吏执之,辞曰:"我君是事⑦,非事土也。名曰君臣,岂曰土臣?今君实迁,臣何赖于鼓?"穆子召之,曰:"鼓有君矣,尔止事君⑧,吾定而禄爵⑨。"对曰:"臣委质于狄之鼓⑩,未委质于晋之鼓也。臣闻之:委质为臣,无有二心。委质而策死⑪,古之法也。君有烈名⑫,臣无叛质。敢即私利以烦司寇

---

① 憾:恨。盈愿:满足愿望。 ② 安:安逸,此指不劳师而得鼓城。贾贰:谋求叛变。贾,谋求,招致。 ③ 傅:附着,这里指"靠近"。 ④ 苑支:鸢鞮,鼓国国君。 ⑤ 僚:官。 ⑥ 以其孥行:带着他的妻子儿女跟着鼓君。 ⑦ 我君是事:我是给国君服务的。加"是"字,将宾语"我君"提到动词"事"的前面。 ⑧ 止:留下来。 ⑨ 而:你。 ⑩ 委质:向君主献礼,表示当臣。卿用羔,大夫用雁等。"质"通"贽"。一说"质"是形体,人臣拜见君主时屈膝委体于地。 ⑪ 策死:古代开始侍奉国君,必先把名字写在策上,发誓将来为国君而死。 ⑫ 烈名:显赫的名声。烈,显赫,光明。

而乱旧法①,其若不虞何②!"穆子叹而谓其左右曰:"吾何德之务而有是臣也?"乃使行。既献,言于公③,与鼓子田于河阴④,使夙沙釐相之。

【翻译】

　　晋中行穆子带兵去攻打鲜虞,包围了鼓国。鼓国有人请求献出鼓城投降,穆子不接受。军吏对穆子说:"这可以不使将士劳苦就得到鼓城,您为什么不干?"穆子说:"这不是对待国君的礼法。那个出卖城池来投降的人,必然向我们要好处,守城的人有叛心,是最严重的奸诈;奖赏善良、惩罚奸诈,这是国家的大法。允许人家叛变投降却不赏赐,就失掉了我的信用;如果给他奖赏,那就是奖赏大奸人了。奸诈的人却得到了利禄,那么又怎样对待善良的人呢?而且,狄人怨恨他们在上的人用献城行为来满足他们的私愿,晋国将来难道就没有这类人吗?这就等于我得了鼓地却教唆我国边将叛离晋国。给国君做事的人,要估量自己的力量去做,做不到便罢休,不要去贪图安逸来谋求人家的叛变。"于是命令将士

---

　　① 即:靠近,追求。烦:劳烦,相烦。　② 不虞:没有想到的事。　③ 公:晋顷公,昭公的儿子,名去疾。　④ 河阴:晋河南之地。

向城上呐喊,警告他们就要攻城了,还没等靠近城墙,鼓城便投降了。中行伯攻下鼓城后,带着鼓君鸢鞮回国;命令鼓城里的人仍旧各回原地,没有官职的不得随行。

鼓君的一个臣子叫夙沙釐的,带着他的妻子老小跟鼓君一同去晋,军官们逮着他,他解释说:"我是服侍鼓君的,不是为鼓国土地服务的。名义上叫做君臣,难道有叫土臣的吗?现在君主已经迁徙了,我这当臣子的为什么要赖在鼓地呢?"穆子得知,把他找来,对他说:"鼓已经另有君主了,你留下来服侍新的鼓君,我保持你的爵禄。"他回答说:"我是对狄的鼓君献礼称臣的,并没有给晋的鼓君献礼当臣。我听说:献礼当臣,就不该有异心。献礼称臣,把名字写在策上表示必死,这是古时的旧法。君主有英明的名声,做臣的就不应该有叛变当初献礼称臣的行为。我哪敢讨取个人私利去麻烦掌刑的司寇官来扰乱旧法?您对将来晋国料想不到的祸患又该如何呢?"穆子慨叹地对他身边的人说:"我要修什么德,才能得到这种臣子呢!"于是叫他跟随到晋国。举行献功礼后,穆子对顷公谈了这一情况,顷公把河阴的田给了鼓君,叫夙沙釐给他当相。

董叔欲为系援

　　董叔不听叔向的劝告，娶晋卿范献子之妹为妻，他原想通过与范献子联姻得到好处；但事与愿违，婚后竟被范献子绑在树上。这是对攀高附贵者的极大讽刺！文中的"系"、"援"原是"联系"、"攀援"之意，后来变为被抓住绑缚在树上，语意双关，妙趣横生，令人忍俊不禁。

　　董叔将娶于范氏①，叔向曰："范氏富，盍已乎！"曰：

―――――

　① 董叔：晋大夫。范氏：晋六卿之一。此处指董叔将娶范宣子的女儿、范献子的妹妹祁。

"欲为系援焉①。"他日,董祁愬于范献子曰②:"不吾敬也。"献子执而纺于庭之槐③。叔向过之,曰:"子盍为我请乎?"叔向曰:"求系,既系矣;求援,既援矣。欲而得之,又何请焉?"

【翻译】

　　董叔要娶范献子的妹妹祁为妻,叔向得知后劝他说:"范氏家富有,最好取消这门亲事。"董叔回答说:"我想通过婚姻关系攀富结贵。"结婚之后的某一天,董祁到范献子那里告发说:"董叔对我不恭敬。"献子就逮住董叔,把他绑缚在院里的槐树上。恰好叔向经过庭院,董叔就央求叔向:"您何不替我说个情呢?"叔向对他说:"你想求'系',这不已经系上了吗?你想求'援',这不是已经绑起来了吗?想要得到的都已得到了,还要说什么情呢?"

---

　　① 系援:以联姻攀援。系,联系,此指联姻。援,攀援,指攀附富贵得到好处。　② 董祁:即范宣子的女儿,因嫁给董叔才称为董祁。愬(sù诉):"诉"的另一种写法。此处含有诉委屈之意。　③ 纺:即今之"绑"字,绑缚。

阎没叔宽谏魏献子无受贿

阎没和叔宽想规劝魏献子不要接受贿赂，但不是用难以接受的生硬方式，而是在吃饭中间三次叹息，表示自己贪婪以启发献子，结果达到了目的。可见，对人劝告只有善良的愿望还不行，应该考虑方式方法，才能把事情办好。

梗阳人有狱①，将不胜，请纳赂于魏献子②，献子将许之。阎没谓叔宽曰③："与子谏乎！吾主以不贿闻于诸侯，今以梗阳之贿殃之，不可。"二人朝，而不退。献子将

---

① 梗（gěng 耿）阳：魏氏邑。狱：诉讼。 ② 魏献子：魏舒，晋正卿。 ③ 阎没：名字叫明。叔宽：名字叫褒。两人都是晋大夫。

食,问谁在庭,曰:"阎明、叔褒在。"召之,使佐食。比已食,三叹。既饱,献子问焉,曰:"人有言曰:'唯食可以忘忧。'吾子一食之间而三叹,何也?"同辞对曰:"吾小人也,贪。馈之始至,惧其不足,故叹。中食而自咎也,曰:岂主之食而有不足?是以再叹。主之既已食,愿以小人之腹,为君子之心,属餍而已①,是以三叹。"献子曰:"善。"乃辞梗阳人。

【翻译】

　　梗阳地方有个人打官司,将要败诉,请人给魏献子进献礼物,献子准备答应。阎没对叔宽说:"我和您一起去规劝吧!我们主上一向以不贪婪财物闻名于诸侯,现在因为梗阳人的送礼受到玷污,是万万不可的。"两人去朝见献子,朝见完却不走。献子将要吃饭,问谁在庭院里,回答说:"是阎明、叔褒两人。"献子便把他们召来,让他们陪着吃饭。等快要吃完时,他们两人各叹息三声。吃完饭后,献子问他们:"人们常说:'只有吃饭,可以忘掉忧愁。'可是您二位在一顿饭之间却三次叹息,是什么缘故呢?"他们两人异口同声地回答说:"我们是小人,很贪婪。用以进食的饭菜才端上来,就害怕不够吃,所以

---

　　① 属:恰好。餍:吃饱,引申为满足。

叹息。吃到中间便自责起来,心想:难道主上的饭食还有不够的吗?所以第二次又叹息。等主上吃完了,又想到用我们小人之腹来衡量您君子的心思,一看您刚吃饱就停止了,并不像我们那么贪,所以第三次叹气。"献子说:"你们的意思很好。"于是拒绝了梗阳人。

董安于辞赵简子赏

　　赵简子要赏有军功的董安于,安于却不接受,因为他认为有军功的人是战争狂人,不该受赏。而他重视的文书工作、治理军队和治民等,却又遭到轻视。这一方面说明统治者只看重对自己明显有利的事;另一方面,在战乱频仍的春秋时期,董安于能看透战争的实质,表现出反对不义战争的思想,是非常宝贵的。

下邑之役①,董安于多②,赵简子赏之,辞。固赏之,对曰:"方臣之少也,进秉笔③,赞为名命④,称于前世,立义于诸侯,而主弗志。及臣之壮也,耆其股肱以从司马⑤,苛慝不产。及臣之长也,端委韠带以随宰人⑥,民无二心。今臣一旦为狂疾⑦,而曰'必赏女',与余以狂疾赏也,不如亡!"趋而出,乃释之。

【翻译】

在下邑的战役中,董安于立了不少军功。赵简子奖赏他,他却拒绝受赏。一再要对他奖赏,他回答说:"当我年轻的时候,我进入朝廷做文书工作,帮助写文告命令,在前朝得到称赞,在诸侯间建立了行为的标准,但是主上却不重视。当我到了壮年的时候,使那些骨干跟随司马治理军队,没有发生暴虐邪恶事件。到我年长后,

---

① 下邑:晋邑名。 ② 董安于:赵简子家臣。多:战功多。公元前497年赵简子杀邯郸大夫赵午,赵午之子赵稷在邯郸谋反,赵午舅荀寅与其婿范吉射作乱,围攻赵简子住宅,简子奔晋阳,董安于在平叛中有功。 ③ 秉笔:指做文书工作。 ④ 名命:文告命令。 ⑤ 耆(shì 试):致使。股肱(gōng 工):比喻君主左右得力的臣子。 ⑥ 端委:古时的礼服。古布宽二尺二寸(周尺),做衣服不剪裁,叫"端"。衣服袖长,叫作"委",这里作动词用。韠(bì 必):蔽膝,官服上的装饰。 ⑦ 狂疾:指参加战争的人互相残杀如同患疯狂症的病人。

穿上宽长的朝服跟随管事人办理民事,百姓一心拥护晋君与您这上卿。现在我一旦参加内战,如同得了疯狂病症,却说:'一定要奖赏你!'我与其因为'狂疾'受到奖赏,还不如没有赏!"说完便跑了出去,赵简子也就不再赏他了。

赵简子问贤于壮驰兹

壮驰兹把当权者是否重视贤人看做是国家兴亡的标志,很有见地。这种看法,古今都是适用的。

赵简子问于壮驰兹曰①:"东方之士孰为愈②?"壮驰兹拜曰:"敢贺!"简子曰:"未应吾问,何贺?"对曰:"臣闻之:国家之将兴也,君子自以为不足;其亡也,若有余。今主任晋国之政而问及小人,又求贤人,吾是以贺。"

---

① 壮驰兹:晋大夫,可能是吴国人。 ② 东方:指吴越一带。

【翻译】

　　赵简子问壮驰兹说："东方的吴、越人士谁最有才干？"壮驰兹立即下拜说："我大胆地向您祝贺！"简子说："你还没有回答我的问话，为什么就祝贺呢？"他回答说："我听说过：国家将要兴盛，有德行的在上者便自以为不足；国家将要衰亡，便觉得自己才德有余。现今主上掌握晋国的大权还下问到小人，又想访求贤人，我因此才向您祝贺。"

智果论智瑶必灭宗

智果和智宣子所讨论的关于继承人应该重德还是重才的问题,是古代中国的重要争论问题之一,始终没有得到解决,主要原因是形式逻辑思维造成的,都是各执一偏。只有运用辩证逻辑思维,坚持德才兼备才是问题的正确答案。

智宣子将以瑶为后①,智果曰②:"不如宵也③。"宣子曰:"宵也佷④。"对曰:"宵之佷在面,瑶之佷在心,心佷败

---

① 智宣子:智甲,晋国的卿。瑶:智瑶,即襄子智伯,是智甲的儿子。 ② 智果:和宣子同族,晋国大夫。 ③ 宵:智宵,是宣子的庶子(非正妻所生之子)。 ④ 佷(hěn 狠):刚愎自用。

国,面很不害。瑶之贤于人者五,其不逮者一也。美鬓长大则贤①,射御足力则贤,伎艺毕给则贤②,巧文辩惠则贤③,强毅果敢则贤。如是而甚不仁。以其五贤陵人,而以不仁行之,其谁能待之④?若果立瑶也,智宗必灭。"弗听。智果别族于太史,为辅氏⑤。及智氏之亡也,唯辅果在。

【翻译】

　　智宣子要把智瑶当作自己的继承人,智果说:"智瑶不如智宵。"宣子说:"智宵为人刚愎自用。"回答说:"智宵刚愎自用表现在面孔上,智瑶的刚愎自用却藏在心里。心里刚愎自用是要败国的,面孔上刚愎自用没什么妨碍。智瑶胜过别人的有五条,不如别人的有一条。鬓发好看长得高大超过别人,射箭驾车力气充足超过别人,擅长各种技艺超过别人,巧于文辞辩才聪慧超过别人,刚强果断超过别人。他有这五种长处却极不仁慈。用他的五种长处欺压人,又用不仁慈的思想去做事,谁

---

　　① 美鬓:鬓发好看。　② 伎艺毕给:各种技艺都擅长。给,足。　③ 巧文:善于文辞。辩惠:辩才聪慧。惠,通"慧"。　④ 待:容忍。　⑤ 智果别族于太史为辅氏:即智果和智氏家族脱离关系,改为辅氏,目的是为了将来智氏遭受灭族之灾时自己不被牵连。太史,掌管姓氏是太史职务之一。

会宽容他呢？假如一定要立智瑶当继承人，智氏宗族必遭灭亡之灾。"智宣子没有接受他的意见。智果到太史那里办理了改为辅氏的手续。等到智氏败亡时，只有智果一家保全下来。

士茁谓土木胜惧其不安人

智伯夸耀华丽的宫室,却不注重道德修养,又不听劝告。这种玩物丧志的思想行为导致他的灭亡,这几乎是古代统治阶级覆亡的规律之一。

智襄子为室美①,士茁夕焉②。智伯曰:"室美夫!"对曰:"美则美矣,抑臣亦有惧也。"智伯曰:"何惧?"对曰:"臣以秉笔事君。志有之曰:'高山峻原③,不生草木。松柏之地,其土不肥④。'今土木胜,臣惧其不安人也。"室

---

① 智襄子:即智伯瑶。 ② 士茁:智伯家臣。 ③ 峻原:陡峭的土坡。 ④ 其土不肥:意为松柏冬夏都有阴凉遮盖,土地不肥沃。

成,三年而智氏亡①。

【翻译】

　　智襄子建筑了一所华美的宫室,士茁晚上去见他。智伯问他说:"这宫室漂亮吗?"回答说:"漂亮是漂亮,不过我也有些害怕。"智伯问他:"你害怕什么呢?"回答说:"我是以掌管文书的家臣的身份来服侍您的。古书上记载着:'高山和陡峭的土坡上,不长草木。松柏树下,土质不肥沃。'现在用土木建筑的宫室这样华丽,我怕它不叫人安生啊!"宫室落成后三年,智氏被灭亡。

---

　　① 三年:公元前403年。智伯约韩魏攻赵,用水围灌赵都晋阳,智伯对魏桓子、韩康子说:"我现在才知道水可以灭亡别人的国家。"魏怕智伯以汾水灌安邑,韩怕智伯以绛水灌平阳,便和赵联合共灭智伯,瓜分了他的土地,这就是三家分晋。

智伯国谏智襄子

智襄子骄横,侮辱韩康子与段规,智伯国劝他小心提防,他根本不接受,后为韩赵魏三家所灭。可见智襄子的灭亡主要是缺乏德行、傲慢待人、刚愎自用的结果。

还自卫①,三卿宴于蓝台②,智襄子戏韩康子而侮段规③。智伯国闻之④,谏曰:"主不备,难必至矣。"曰:"难将由我,我不为难,谁敢兴之!"对曰:"异于是。夫郤氏

---

① 还自卫:指智襄子伐郑后,从卫国回到晋国。 ② 三卿:指智襄子(即智伯)、韩康子、魏桓子。蓝台:地名。 ③ 韩康子:韩虎,韩宣子曾孙,韩庄子之子。段规:魏桓子的相。 ④ 智伯国:晋大夫,与智伯同族。

有车辕之难①,赵有孟姬之谗②,栾有叔祁之愬③,范、中行有亟治之难④,皆主之所知也。《夏书》有之曰⑤:'一人三失,怨岂在明? 不见是图⑥。'《周书》有之曰⑦:"怨不在大,亦不在小⑧。'夫君子能勤小物⑨,故无大患。今主一宴而耻人之君相,又弗备,曰'不敢兴难',无乃不可

---

① 郤氏有车辕之难:郤犨和长鱼矫争田,郤犨捉住长鱼矫并把他的父母妻子都绑在一个车辕里。后来长鱼矫得到晋厉公宠幸,在公元前574年杀害三郤。 ② 赵有孟姬之谗:赵,指赵同、赵括。孟姬,赵朔的妻子。孟姬和赵婴私通,赵婴之兄赵同、赵括把赵婴赶到齐国。孟姬就向晋景公进谗言,说赵同等要谋反,景公便杀了赵同、赵括。 ③ 栾有叔祁之愬:栾,栾盈。叔祁,栾盈之母。叔祁与人私通,栾盈不满,叔祁便向她父亲范宣子说栾盈要造反,后来阳毕向平公献策,栾氏被灭。 ④ 范、中行有亟治之难:范,范吉射。中行,中行寅,即荀寅。亟治,范皋夷的封邑。皋夷不受范吉射宠爱,想在族内谋乱,因中行寅和范吉射关系密切,皋夷就设法驱逐他们二人,并于公元前497年灭了范氏、中行氏。 ⑤《夏书》:指《尚书·夏书·五子之歌》。 ⑥ 一人三失,怨岂在明? 不见是图:一个人过失多了,难道要在怨恨明显时再防备吗? 应当在不显露时防范。 ⑦《周书》:指《尚书·周书·康诰》。 ⑧ 怨不在大,亦不在小:民怨的可怕不在于怨的大,也不在于怨的小。意为关键在于是否认真对待,如认真对待,怨大也不可怕;如不认真对待,怨小后果也不堪设想。 ⑨ 能勤小物:能认真对待小事。

乎？夫谁不可喜，而谁不可惧？螨蚁蜂虿①，皆能害人，况君相乎！"弗听。自是五年②，乃有晋阳之难③。段规反，首难，而杀智伯于师④，遂灭智氏。

【翻译】

  智伯从卫国回来后，他和韩康子、魏桓子等三个卿在蓝台宴会，智襄子耍弄了韩康子还侮辱了段规，智伯国听到后，劝告智襄子说："主上如不防备，灾难必然临头。"智襄子说："只有从我这里发难，我不发难，谁敢发难！"智伯国说："我想的跟您说的不同。从前郤氏遭受车辕之难，赵同等被孟姬进谗言致死，栾盈被他母亲叔祁密告，范氏、中行氏在亟治被杀害，都是主上所了解的。《夏书》里说：'一人三失，怨岂在明？不见是图。'《周书》里说：'怨不在大，亦不在小。'君子能够关心小事，所以才能没有严重灾患。现在主上在一次宴会上羞辱了人家的国君和相，又不对此防备，还说'别人不敢发难'，这恐怕不合适吧！究竟谁不可亲近，谁又不可怕？

---

  ① 螨(ruì 锐)：蚊子之类的昆虫。虿(chài 拆去声)：蝎类毒虫。 ② 自是五年：自从宴于蓝台以后又经过五年。 ③ 晋阳之难：智伯联合韩、魏攻赵，赵襄子退保晋阳，三家把他围困起来。后韩、魏又和赵联合起来，消灭了智伯。 ④ 师：地名。

人心难测呀！连蚊虫蚂蚁黄蜂蝎子，都能毒害人，何况君相呢！"但是智伯不接受这一意见。过了五个年头，就发生了晋阳的事变。段规反对智伯，首先谋划发难，在师地杀死智伯，灭掉了智氏。

楚 语 上

蔡声子论楚材晋用

"楚材晋用"是古代中国人才外流的概括说法。出现这种现象的根本原因不在于外流的人都不爱故国或贪图别国富贵,而大多是由于本国的当权者是非不明、忠奸不分,才使一些有才能的人含冤负屈逃奔他方。他们对故土怀有深厚的感情,盼望澄清是非,早日回到父母之邦。蔡声子在此文中着重阐明了楚材晋用对楚国的危害。他的一席话说服了楚令尹子木,使他迎回了椒举。此文内容说明了如果政治清明、用人得当,人才外流问题便可迎刃而解。

椒举娶于申公子牟①,子牟有罪而亡,康王以为椒举遣之②,椒举奔郑,将遂奔晋③。蔡声子将如晋④,遇之于郑,飨之以璧侑⑤,曰:"子尚良食⑥,二先子其皆相子⑦,尚能事晋君以为诸侯主。"辞曰:"非所愿也。若得归骨于楚,死且不朽。"声子曰:"子尚良食,吾归子⑧。"椒举降三拜,纳其乘马⑨,声子受之。

　　还见令尹子木⑩,子木与之语,曰:"子虽兄弟于晋⑪,然蔡吾甥也,二国孰贤?"对曰:"晋卿不若楚⑫,其

---

① 椒举:即伍举,伍子胥的祖父,楚大夫。因食邑在椒,又叫椒举。申公子牟:即王子牟,曾为申公。　② 康王:楚恭王的儿子康王昭,公元前559—前545年在位。　③ 将遂奔晋:就要逃亡到晋国。因为郑国既是小国,又离楚国很近,不可依靠。　④ 蔡声子:蔡国公孙归生,名叫子家。如晋:蔡声子出使晋国在公元前547年。　⑤ 飨(xiǎng响):用酒食款待人。璧侑(yòu右):用璧玉来劝进饮食。侑,劝。特指劝进饮食。　⑥ 良食:好好吃饭,指多吃些饭保重身体。　⑦ 二先子:指椒举的父亲伍参、声子的父亲子朝。相子:帮助您。相,帮助。　⑧ 归子:让您回楚国。归,使之归,使动用法。　⑨ 乘马:四匹拉车的马,古时一车四马叫一乘。　⑩ 还:指由晋回到楚国。子木:楚国令尹屈健的字。　⑪ 兄弟于晋:跟晋是兄弟。晋、蔡同为姬姓国。　⑫ 晋卿不若楚:当时赵武是晋国的执政正卿,令尹子木是掌握楚国大政的正卿。赵武有德,但声子当面奉承子木,说赵武不如子木忠诚。

大夫则贤,其大夫皆卿材也。若杞梓、皮革焉①,楚实遗之,虽楚有材,不能用也。"子木曰:"彼有公族甥、舅,若之何其遗之材也?"对曰:"昔令尹子元之难②,或谮王孙启于成王③,王弗是④,王孙启奔晋,晋人用之。及城濮之役,晋将遁矣,王孙启与于军事,谓先轸曰:'是师也,唯子玉欲之⑤,与王心违,故唯东宫与西广实来⑥。诸侯之从者,叛者半矣,若敖氏离矣⑦,楚师必败,何故去之!'先轸从之,大败楚师,则王孙启之为也。

"昔庄王方弱⑧,申公子仪父为师⑨,王子燮为傅⑩,

---

① 杞梓(qǐ zǐ 起子):两种优质木材,是楚国特产。 ② 子元之难:子元是楚武王之子、楚文王兄弟王子善,又称公子元。公元前664年子元想引诱楚文王夫人息妫和他私通,进入王宫时被捕,后被申公斗班杀死。 ③ 或谮王孙启于成王:有人向楚成王进谗言要判王孙启和他父亲公子元同罪。谮(zèn怎去声),说别人的坏话。王孙启,子元的儿子。 ④ 弗是:不加审理。是,通"谍",审查谬误。 ⑤ 子玉:楚令尹成得臣的字,城濮之战中的楚军统帅。 ⑥ 东宫:楚太子的卫队。西广(guàng 逛):楚国军队编制分为东广、西广。广,楚军兵车十五辆为一广。 ⑦ 若敖氏:指子玉家族,若敖是子玉的祖父。若敖氏有六卒(六百人),是由子玉家族组成的亲兵。离:离心,不愿意作战。 ⑧ 庄王:楚庄王熊侣,公元前613—前591年在位。弱:未满二十岁叫弱。 ⑨ 子仪父:子仪是楚大司马斗克的字,父是尊称,是楚申公斗班的儿子。师:太师。 ⑩ 王子燮:楚国公子。傅:太傅。

使师崇、子孔帅师以伐舒①。燮及仪父施二帅而分其室②。师还至，则以王如庐③，庐戢黎杀二子而复王④。或谮析公臣于王⑤，王弗是，析公奔晋，晋人用之。实谗败楚，使不规东夏⑥，则析公之为也。

昔雍子之父兄谮雍子于恭王⑦，王弗是，雍子奔晋，晋人用之。及鄢之役⑧，晋将遁矣，雍子与于军事，谓栾书曰：'楚师可料也⑨，在中军王族而已⑩。若易中下⑪，

---

① 师崇：楚太师潘崇。子孔：楚国令尹成嘉的字。舒：国名，偃姓，子爵，相传为少昊后人，有舒庸、舒鸠、舒蓼等，称为群舒。在今安徽舒城、庐江境内。别于群舒的还有舒龙、舒鲍等。　② 施：施加，此指强加罪状。　③ 庐：楚国邑名，又叫中庐，在今湖北宜城境内。　④ 戢黎：庐邑大夫。　⑤ 或谮析公臣于王：有人向庄王进谗言说析公臣知道子仪父和王子燮的阴谋叛乱。析公臣，楚大夫。　⑥ 规：占有。东夏：指蔡、沈两国。据《左传·成公六年》记载，公元前585年晋楚绕角之战时，晋军即将撤退，析公臣劝晋军统帅栾书夜袭楚军，栾书采纳了他的意见，楚军败逃，晋军占领蔡、沈两国。　⑦ 雍子：楚大夫。恭王：楚恭王熊审，公元前590—前560年在位。　⑧ 鄢之役：即公元前575年楚晋鄢陵之战。　⑨ 料：揣度，估计。　⑩ 王族：楚王的亲兵。　⑪ 易中下：变换中军、下军的位置。意图是使楚误认晋中军为下军，前来攻打。这样中军就可牵制住楚军主力。

楚必歆之①；若合而臽吾中②，吾上下必败其左右③，则三萃以攻其王族④，必大败之。'栾书从之，大败楚师，王亲面伤⑤，则雍子之为也。

"昔陈公子夏为御叔娶于郑穆公⑥，生子南⑦。子南之母乱陈而亡之⑧，使子南戮于诸侯。庄王既以夏氏之室赐申公巫臣⑨，则又畀之子反⑩，卒于襄老⑪。襄老死于邲⑫，二子争之，未有成。恭王使巫臣聘于齐，以夏姬

---

① 歆：贪图。 ② 合：会战。 臽：陷入，此字后写作"陷"。中：中军。 ③ 上下：晋的上军与下军。左右：楚的左右广。《左传》记载楚庄王在邲之战中安排乘广三十乘，分为左右广，左广即东广，右广即西广。 ④ 三萃：据《左传·襄公二十六年》记载当为四萃。萃，集中。四，指晋中、上、下、新四军。 ⑤ 王：楚恭王。面伤：指恭王被吕锜射中眼睛。 ⑥ 公子夏：陈宣公之子，御叔之父。为御叔娶于郑穆公：为御叔娶郑穆公之女夏姬为妻。 ⑦ 子南：夏徵舒的字。 ⑧ 子南之母乱陈而亡之：夏徵叔的父亲御叔早死，陈灵公和孔宁、仪行父都与夏姬淫乱，徵舒杀死陈灵公。后楚庄王率领诸侯讨伐子南而灭陈。 ⑨ 申公巫臣：即屈巫子灵，当过申邑的官，又叫申公巫臣。当时庄王想自娶夏姬，巫臣劝阻他，庄王就把夏姬赏赐给巫臣。 ⑩ 畀（bì 币）：给予。子反：司马公子侧的字。 ⑪ 于：疑为"与"，给予。襄老：楚国连邑的地方官。 ⑫ 邲（bì 币）：指楚、晋于公元前597年的邲之战。邲，春秋时郑地，在今河南荥阳北。

行①,遂奔晋。晋人用之,实通吴、晋②。使其子狐庸为行人于吴③,而教之射御,导之伐楚。至于今为患,则申公巫臣之为也。

"今椒举娶于子牟,子牟得罪而亡,执政弗是,谓椒举曰:'女实遣之。'彼惧而奔郑,缅然引领南望④,曰:'庶几赦吾罪⑤。'又不图也,乃遂奔晋,晋人又用之矣。彼若谋楚,其亦必有丰败也哉⑥。"

子木愀然⑦,曰:"夫子何如⑧,召之其来乎?"对曰:"亡人得生,又何不来为?"子木曰:"不来,则若之何?"对曰:"夫子不居矣⑨,春秋相事⑩,以还轸于诸侯⑪。若资东阳之盗使杀之⑫,其可乎? 不然,不来矣。"子木曰:"不

---

① 以夏姬行:巫臣带着夏姬同行。恭王派巫臣出使齐国,巫臣借口要带着夏姬去郑寻找襄老的尸体,二人从郑一起逃往晋国。 ② 实通吴、晋:楚子反杀了巫臣家族,巫臣在晋请求出使吴国,以使吴、晋联合,共同对付楚国,受到吴王寿梦的欢迎。 ③ 狐庸:巫臣的儿子。行人:官名,掌管朝觐聘问。 ④ 缅然:想念的样子。引领:伸着脖子。 ⑤ 庶几:差不多,也许可能。 ⑥ 丰败:大败,惨败。 ⑦ 愀(qiǎo 巧)然:悲愁的样子。 ⑧ 夫子:指蔡声子。 ⑨ 不居:不停留。 ⑩ 春秋相事:指一年四季接连出使行聘问之事。春秋,指代四季。相,递相,接连。 ⑪ 还轸(xuán zhěn 旋诊)于诸侯:乘车到各诸侯国。还,通"旋"。轸,车后横木,后用作车的代称。 ⑫ 若资东阳之盗使杀之:如果收买东阳的刺客杀死他。这是蔡声子用以激子木的话,不是他的本意。

可。我为楚卿,而赂盗以贼一夫于晋①,非义也。子为我召之,吾倍其室。"乃使椒鸣召其父而复之②。

【翻译】

　　椒举娶申公王子牟的女儿为妻,子牟犯罪逃亡,楚康王认为是椒举放他跑的,椒举便逃亡到郑国。因为郑国既弱小又离楚国很近,他想接着逃到晋国去。蔡声子出使晋国,途经郑国遇见椒举,请椒举吃饭,拿出璧玉劝他多吃一些,说:"请您多加餐饭,我俩的先人在天之灵都能帮助您,希望您能事奉晋国君主成为诸侯的盟主。"椒举辞谢说:"那不是我的心愿,假如能够把尸骨运回楚国,我死了也是不朽的。"声子对他说:"请您多加餐饭,我让您回到楚国去。"椒举走下堂来三次拜谢,献给声子四匹拉车的马。声子接受他的馈赠是为了使他安心。

　　声子从晋回来路过楚国会见令尹子木,子木和他谈话,对他说:"您虽然和晋国是同姓兄弟,但蔡君是楚君的外甥,您认为晋、楚两国大臣哪一国的要强些?"声子回答说:"晋国掌管大权的卿赶不上楚国,但他们的大夫是有才干的,不少大夫都是当卿的人才。就像杞梓、皮革一样本是楚国的特产,楚国却送给了别人,楚国即使

---

① 贼:残害。　② 椒鸣:椒举的儿子。

有好的资材,自己也不能使用。"子木说:"晋国有公室同族,还有不少姻亲,怎能说我们送给他们人才呢?"声子回答说:"从前楚令尹子元事件发生时,有人对楚成王说子元儿子王孙启的坏话,成王不能正确审理,王孙启逃亡到晋国,晋国任用了他。到城濮之战时,晋就要撤兵了,王孙启当时参与谋划作战的工作,对晋将先轸说:'楚国这次出兵,只是子玉想打仗,楚成王和他想法不一致,所以只派东宫和西广两支队伍参战。诸侯跟着前来的,背叛楚国的已达到半数,连子玉亲族的若敖氏都不愿跟着作战了,楚军一定要失败,您为什么要撤兵呢?'先轸采纳了他的意见,把楚军打得惨败,这就是王孙启所干的。

"从前楚庄王没成年时,申公子仪父当太师,王子燮当太傅,派师崇、子孔两人带兵去讨伐舒国。王子燮和仪父合谋给师崇、子孔两位将帅妄加罪名并且瓜分了他们的家财。当军队班师回来时,他们就胁迫庄王到庐邑去,庐邑大夫戢黎杀了仪父和王子燮,并把庄公送回都城。有人向庄公说析公臣知道并参与仪父和王子燮的叛乱,庄公不能正确审理,析父便逃亡到晋国,晋国任用了他。这种谗言的后果是使楚国在绕角之战中吃了败仗,使楚国不能再占有东夏。这是析公臣为晋效力干出来的。

"从前楚大夫雍子同宗的父兄向恭王说雍子的坏话,恭王不能正确审理,雍子便逃亡到晋国,晋国任用了他。到鄢陵之战时,晋国军队就要撤退了,雍子当时参与了军事谋划,对栾书说:'对楚国兵力是能够预测的,它的主力仅在中军楚王的王族亲兵。如果晋军对换一下中军和下军的位置,使楚国把力量较强的晋中军误认为容易攻打的下军,楚国一定会贪图便宜而中计。倘若楚的主力来会战,陷入晋的中军之内,我们的上、下两军就可出击,打垮他们比较薄弱的左、右军;然后我们就集合中、上、下、新军四支力量攻打楚的王族中军,一定会把它打得大败。'栾书采纳了他的意见,果然把楚军打得大败,恭王本人脸上也受了伤,这就是雍子所干的。

"从前陈公子夏给他儿子御叔娶郑穆公女儿夏姬为妻,生了子南。子南的母亲淫乱,干扰了陈国,导致陈国灭亡,使子南被诸侯所杀。楚庄王把夏姬赏赐给申公巫臣,接着又赏给子反,最后给了连尹襄老。襄老在邲之战中战死,巫臣和子反两人争夺夏姬,没有争出结果来。恭王派巫臣出聘齐国,巫臣带着夏姬同行,借机逃到晋国。晋国任用他,沟通了吴、晋关系。巫臣让他的儿子狐庸在吴国当掌管朝觐聘问的行人,并且教吴国军队射箭驾车,引导吴国进攻楚国,直到现在一直成为楚国的外患,这就是申公巫臣所干的。

"现在椒举娶子牟女儿为妻,子牟获罪逃亡,掌握国政的人不能正确审理,对椒举说:'就是你放他跑的。'椒举怕获罪便逃亡到郑国,但他想念故土,伸着脖子南望楚国,说:'也许能够饶恕我的过错吧!'如果您还不想办法挽回,他就会逃到晋国,晋国还要任用他的。他假如帮助晋国谋划打楚国的主意,那也势必会给楚国造成惨败的。"

　　子木听后现出悲愁的表情,说:"您看怎么做好,招呼他能够回来吗?"声子回答说:"逃亡的人得到一条活路,又怎能不回来呢?"子木说:"假如不回来,应该怎样做呢?"声子说:"您不要罢休,在一年四季之中您派使臣出去聘问,乘车往返诸侯各国,能见到他,是可以召唤他回来的。或者您出钱雇东阳刺客杀掉他,您看哪样做好呢?不积极想办法,他是不会回来的。"子木说:"不行。我当楚国掌政的卿,雇刺客到晋国去杀一个人,是不义的行为。拜托您替我请他回来,我加倍给他家财。"于是就派椒鸣请他父亲回来,恢复了他的职位。

伍举论台美而楚殆

奢侈享乐的楚灵王洋洋得意地对伍举夸耀章华台的华美。伍举发表了对美的深刻见解，指出可供观赏悦目的台榭不见得真美，而为了满足这种私欲，大兴土木，耗尽民财，造成百姓叛离则是十分严重的作恶行为。他还从正面立论，以楚庄王为典范，提出国君应该以德义治国，修建台榭要以适用为度，要珍惜资财民力，不妨政务，不违农时。他的主张在今天仍有借鉴意义，他的美学思想也有可取之处。

灵王为章华之台①,与伍举升焉②,曰:"台美夫!"对曰:"臣闻国君服宠以为美③,安民以为乐,听德以为聪④,致远以为明⑤。不闻其以土木之崇高、彤镂为美⑥,而以金石匏竹之昌大、嚣庶为乐⑦;不闻其以观大、视侈、淫色以为明⑧,而以察清浊为聪。

　　"先君庄王为匏居之台⑨,高不过望国氛⑩,大不过容宴豆⑪,木不妨守备,用不烦官府,民不废时务,官不易朝常。问谁宴焉,则宋公、郑伯⑫;问谁相礼⑬,则华元、驷騑⑭;问谁赞事⑮,则陈侯、蔡侯、许男、顿子⑯,其大夫侍之。先君以是除乱克敌,而无恶于诸侯。今君为此台

---

① 灵王:楚灵王名熊虔,公元前540—前529年在位。章华:原为地名,在今湖北监利离湖上。　②伍举:即椒举。　③服宠:指国君以德受禄。服,接受。宠,禄。　④听德:任用有德行的人。　⑤致远:招来远方人为己所用。　⑥彤镂:画栋雕梁。彤,用红色涂抹。镂,雕刻。　⑦金:钟。石:磬。匏(páo袍):笙。竹:箫管。嚣(xiāo肖):喧哗。庶:众多。　⑧观大:观赏阔绰场面。视侈:眼看奢侈的摆设。淫色:沉溺于美色。　⑨庄王:楚庄王熊旅,公元前613—前591年在位。匏居:台名。　⑩国氛:预示国家不吉祥的云气。　⑪豆:盛食物的高脚盘。　⑫宋公、郑伯:宋、郑两国国君。　⑬相礼:负责导引各国君朝见楚王的礼节。　⑭华元:华御事的儿子,宋国的卿。驷騑:子驷,郑穆公的儿子。　⑮赞事:辅助引见行礼宴会事务。　⑯陈侯、蔡侯、许男、顿子:陈、蔡、许、顿各国国君。公、侯、伯、子、男是周王朝制定的五等爵位。

也，国民罢焉①，财用尽焉，年谷败焉②，百官烦焉，举国留之③，数年乃成。愿得诸侯与始升焉，诸侯皆距无有至者④。而后使太宰启疆请于鲁侯⑤，惧之以蜀之役⑥，而仅得以来。使富都那竖赞焉⑦，而使长鬣之士相焉⑧，臣不知其美也。

"夫美也者，上下、内外、小大、远近皆无害焉，故曰美。若以目观则美，缩于财用则匮⑨，是聚民利以自封而瘠民也⑩，胡美之为？夫君国者，将民之与处；民实瘠矣，君安得肥？且夫私欲弘侈，则德义鲜少；德义不行，则迩者骚离而远者距违⑪。天子之贵也，唯其以公侯为官正⑫，而以伯子男为师旅⑬。其有美名也，唯其施令德于远近，而小大安之也。若敛民利以成其私欲，使民蒿焉

---

① 罢(pí 皮)：通"疲"，疲劳。 ② 败：废止，妨碍。 ③ 留：通"㽞"，修建。 ④ 距：拒绝。此义后来写作"拒"。 ⑤ 启疆：楚卿。鲁侯：鲁成公，公元前590—前573年在位。 ⑥ 蜀之役：楚伐鲁国蜀地的战役。鲁宣公曾派使者到楚国修好，正赶上楚庄王死去，鲁宣公也死去，没有结盟。鲁成公即位后和晋国结盟，楚恭王大怒出兵伐鲁，到达蜀地。公元前589年鲁成公恐惧，派人和楚国结盟。 ⑦ 富：指容貌漂亮。都：优美。那竖：姣美少年。竖，未成年的男子。 ⑧ 鬣(liè 列)：胡须。 ⑨ 缩：敛取。匮：缺乏，贫困。 ⑩ 自封：自己富厚。 ⑪ 骚：忧愁。离：叛离。距：抗拒。违：违反。 ⑫ 官正：官吏之长。 ⑬ 师旅：指各种官吏(用王引之说)。

忘其安乐①,而有远心②,其为恶也甚矣,安用目观?

"故先王之为台榭也③,榭不过讲军实④,台不过望氛祥⑤。故榭度于大卒之居⑥,台度于临观之高。其所不夺穑地⑦,其为不匮财用,其事不烦官业,其日不废时务。瘠硗之地,于是乎为之,城守之木⑧,于是乎用之;官僚之暇,于是乎临之;四时之隙,于是乎成之。故《周诗》曰⑨:'经始灵台⑩,经之营之。庶民攻之⑪,不日成之⑫。经始勿亟⑬,庶民子来⑭。王在灵囿⑮,麀鹿攸伏⑯。'夫为台榭,将以教民利也,不知其以匮之也。若君谓此台美而为之正,楚其殆矣!"

---

① 蒿:消耗。 ② 远心:叛离的念头。 ③ 台榭:堆土为台,在台上盖的敞屋叫榭。此处的榭是讲武堂。 ④ 讲军实:讲习武事,检阅兵力。军实,指军队实力。 ⑤ 氛祥:凶气叫氛,吉气叫祥。 ⑥ 大卒:君王的士卒。 ⑦ 穑地:种庄稼的田地。 ⑧ 城守之木:据黄丕烈《校刊明道本韦氏解国语札记》:"'木',当是'末'字之误也。"(以下简称《札记》)意为修建台榭应该使用军事防卫剩下的木料。 ⑨《周诗》:指《诗经·大雅·灵台》。 ⑩ 经:规划。始:通"治",建造。灵台:故址在今陕西西安西北。 ⑪ 攻:制作。 ⑫ 不日:不规定完工时间。 ⑬ 勿亟:不急,不强迫。 ⑭ 子:通"孜",急。 ⑮ 灵囿:囿名。囿,是帝王畜养鸟兽的园林。 ⑯ 麀(yōu 幽):母鹿。攸:语助词。伏:卧。诗句意为:"规划造灵台,仔细巧安排。百姓都来干,建成进度快。原来不着急,百姓自动来。王在灵囿中,母鹿伏草丛。"

【翻译】

楚灵王建造完章华高台，和伍举一起登上去，说："这台真美啊！"伍举回答说："我听说国君把接受天子的爵禄当作美，把安民当作快乐，把任用有德行的人、耳听德音当作聪，把能招来远方人士归附当作明。却没听说把楼台建得高大、雕梁画栋当作美，并把钟磬笙箫等乐器繁多齐奏、声音嘈杂当作快乐；没听说把观赏阔绰场面、看着奢侈摆设、沉溺于美女的姿容色艺当作明，把能分辨声音清浊当作聪。

"我们先君庄王建造的匏居台，高度不超过能望到预示国家不吉祥的云气，面积不超过能容纳放置杯盘举行宴会，所用的木料不影响修建城郭守备的需要，财务支出不给官府造成负担，民众不用停止季节农活，官吏不用改变朝廷日常公务。若问是宴请谁，那就是宋公和郑伯；若问是谁承担导引朝见的礼节，那就是宋国的华元和郑国的子驷；若问是哪些人辅佐行礼宴会事务，那就是陈侯、蔡侯、许男、顿子，他们的大夫各自服侍自己的国君。先君就是凭这些才做到了除掉祸乱、战胜敌人，并且没有得罪诸侯。现在君王您建造这个台，使国民疲劳不堪，钱财用光，年成歉收，百官繁忙，全国都修造它，经过几年才建成。修完之后又希望有诸侯来贺并跟他们一起首次登台，可是诸侯都加以拒绝、没有来的。

这之后又派太宰启疆邀请鲁侯来，并用蜀之战威服他，鲁侯才勉强前来。君主您又用长相俊美的少年辅助行礼宴会事务，并使长着美须髯的人导引朝见，我不知道这有什么美。

"所谓美，是对上下、内外、小大、远近都没有妨害，才能叫做美。假如把观赏悦目当作美，就会虚耗敛取的钱财使财用匮乏，这是搜刮民脂民膏自己富厚却让百姓穷困，有什么美？当国君的人，是要和百姓一同生活的；百姓贫穷了，国君怎么能富有呢？况且私欲越大越多，道德仁义就越缺越少；不实行德义，身边的人就要忧愁叛离，边远地方的人就要抗拒违命。天子的可贵处，就在于他把公、侯当作官长，把伯、子、男当作各级官吏，让他们上下有序，权限分明。君主有美好的名声，就是因为他对远近都施行贤明的德政，让地位低和地位高的人都得到安定。倘若搜刮民财来满足自己的欲望，使百姓耗损财利不能安居乐业，百姓便会萌生叛离的念头，那就是做恶十分严重、危机四伏了，再去登台远眺、观赏胜景，还有什么用处呢？

"所以先王建造台榭，榭只不过是用来讲习武事、检阅军队实力，台只不过是用来观察吉凶云气。因此建造榭只要考虑能容得下统帅君王士卒的将佐聚会议事、检阅士卒就可以了，建造台只要考虑适合于观察吉凶云气的高度就可以了。建造的地方不应强占耕地,建造时不要用尽国家钱财,建造工作不要影响朝廷官吏正常的事务,建造的时间不要废弃当时急需的任务、不要妨害农时。要在贫瘠土地上建造它;以建造城防剩余的木料修造它;要让官吏们在闲暇时候前去照料;要在四季农闲时间把它造成。所以《周诗》说:'经始灵台,经之营之。庶民攻之,不日成之。经始勿亟,庶民子来。王在灵囿,麀鹿攸伏。'建造台榭,应该是用它教民兴利的,是为了百姓的利益,没听说是为了使百姓穷困的。假如君王说这个台非常华美,并且以为这种想法是正确的,楚国可就危险了!"

白公子张讽灵王宜纳谏

　　白公子张屡次苦口婆心地劝告暴虐无道的楚灵王,灵王不仅不听,还想方设法阻止他劝告。灵王终于在乾谿之乱中自杀身亡,在历史上留下恶名;而子张讲述殷王武丁和齐桓公、晋文公真心诚意地听取意见才成为明君、霸主的感人说辞却具有不朽的生命力,流传到今天还为人所称颂;特别是他采用博喻的方法把武丁求贤若渴、从谏向善的迫切心情表现得十分真切,更增加了说辞的吸引力量。现在社会性质虽已完全不同,但子张的说辞仍然具有很重要的借鉴作用。

灵王虐，白公子张骤谏①。王患之，谓史老曰②："吾欲已子张之谏，若何？"对曰："用之实难，已之易矣。若谏，君则曰：'余左执鬼中③，右执殇宫④，凡百箴谏，吾尽闻之矣，宁闻他言？'"

白公又谏，王如史老之言。对曰："昔殷武丁能耸其德⑤，至于神明，以入于河⑥，自河徂亳⑦，于是乎三年，默以思道。卿士患之，曰：'王言以出令也，若不言，是无所禀令也⑧。'武丁于是作书，曰：'以余正四方，余恐德之不类⑨，兹故不言。'如是而又使以象梦旁求四方之贤⑩，得傅说以来⑪，升以为公，而使朝夕规谏，曰：'若金，用女作砺⑫。若津水，用女作舟。若天旱，用女作霖雨⑬。启乃

---

① 白公子张：白，楚邑。白邑大夫称白公，子张是名。骤：屡次。　② 史老：即申公子亹，楚大夫。　③ 鬼中：鬼身。中，身。　④ 殇宫：夭死的人。宫，通"躬"，身。　⑤ 武丁：殷代国王，盘庚弟小乙之子。盘庚死后殷国势衰落，武丁即位用傅说为相，励精图治，国势转强。他死后称为高宗。耸：敬重。　⑥ 以入于河：武丁迁到河内。河，河内，黄河以北地方。　⑦ 自河徂亳(bó博)：武丁父小乙死后，他从河内又回到殷都亳。徂，往，去。亳，商代都城，在今河南偃师西。　⑧ 禀：接受。　⑨ 类：率，遵循。　⑩ 象梦：白昼思念贤才，夜里就梦见了他的容状，记明他的形象。《经义述闻》卷二一："'象梦'，当为'梦象'，谓以所梦见之人作象而使求之也。"旁：遍，广泛。　⑪ 傅说(yuè月)：武丁的大臣，原是傅岩从事版筑的奴隶。　⑫ 砺：磨刀石。　⑬ 霖雨：连绵的大雨。

心,沃朕心。若药不瞑眩①,厥疾不瘳②。若跣不视地,厥足用伤。'若武丁之神明也,其圣之睿广也③,其智之不疚也④,犹自谓未乂⑤,故三年默以思道。既得道,犹不敢专制,使以象旁求圣人。既得以为辅,又恐其荒失遗忘,故使朝夕规诲箴谏,曰:'必交修余⑥,无余弃也。'今君或者未及武丁,而恶规谏者,不亦难乎!

"齐桓、晋文,皆非嗣也⑦,还轸诸侯⑧,不敢淫逸,心类德音⑨,以德有国⑩。近臣谏,远臣谤⑪,舆人诵,以自诰也⑫。是以其入也,四封不备一同⑬,而至于有畿田⑭,以属诸侯⑮,至于今为令君。桓、文皆然,君不度忧于二令君,而欲自逸也,无乃不可乎?《周诗》有之曰⑯:'弗躬弗亲,庶民弗信⑰。'臣惧民之不信君也,故不敢不言。不然,何急其以言取罪也?"

---

① 瞑眩(miàn xuàn 面旋):心乱眼花。 ② 瘳(chōu 抽):病愈。 ③ 睿(ruì 锐):明智,智慧。 ④ 不疚:没有昏庸不明的毛病。疚,病。 ⑤ 乂(yì 义):治理。 ⑥ 交:通"教"。修:勉励。 ⑦ 非嗣:不是嫡子可以嗣位为君的人。 ⑧ 还轸:坐车周游。轸,车后横木,即指车。 ⑨ 德音:善言。 ⑩ 有:为,治理。 ⑪ 谤:议论或指责别人的过失。 ⑫ 诰:儆戒。 ⑬ 备:满。同:地方百里。 ⑭ 畿:地方千里。 ⑮ 属:会合。 ⑯ 《周诗》:指《诗经·小雅·节南山》。 ⑰ 弗躬弗亲,庶民弗信:国君不亲自作出榜样,百姓对你难以信赖。

王病之①,曰:"子复语。不榖虽不能用,吾愁置之于耳②。"对曰:"赖君用之也③,故言。不然,巴浦之犀、牦、兕、象④,其可尽乎?其又以规为瑱也⑤?"遂趋而退,归,杜门不出。七月,乃有乾谿之乱⑥,灵王死之。

【翻译】

楚灵王暴虐无道,白公子张多次劝告他。灵王感到厌烦,就问史老说:"我想阻止子张对我的劝告,怎么做好呢?"史老回答说:"接受劝告实在难以做到,制止劝告却是容易的。假如他再来劝告,君王就对他说:'我左手控制着大鬼,右手控制着小鬼,能役使他们,任何情况全都知晓,各种劝告,我全听到了,哪里还需要听别的什么劝告?'"

白公又来劝告灵王,灵王按照史老的话说了一遍。白公回答说:"从前殷王武丁能够敬德慎行,和神明相

---

① 病:憎恨。 ② 愁(yìn 印):愿意。 ③ 赖:靠。 ④ 巴浦:地名。牦(máo 毛):长毛牛。兕(sì 寺):古代犀牛一类的兽。犀、牦、兕、象四种兽的角和牙都可做瑱,可用来堵耳朵。 ⑤ 瑱(tiàn 天去声):古人冠冕上垂在两侧用以塞耳的玉石。 ⑥ 乾谿之乱:灵王东征,兵驻在楚东境乾谿,其弟弃疾乘机带兵回国都,煽动三军叛乱,灵王自杀,弃疾即位为楚平王。乾谿,楚国地名,在今安徽亳州。

通,到河内学习,又从河内回到商都亳,在三年当中沉默不言思考治国的道理。卿士们见他这样,忧愁地说:'我们要把君王的话语当作命令发出,倘若他不说话,我们就无从接受命令了。'于是武丁就写了文告,说:'要我统治天下,我怕自己的德行不能作天下人的表率,使人有所遵循,所以我才不讲话。'这样说了之后又把梦中见到的人画成像,去向各处聘请贤人,终于把傅说请到朝廷上来,升为上公。让傅说早晚规劝,对他说:'我假如是一把青铜制成的剑,就把你当作磨石。假如江河阻拦我,就把你当做渡船。假如天旱,就把你当成连绵大雨。请开启你的心,明察一切事理,来灌溉我的心田,使它也得到滋润。假如病症过分严重,不吃下一剂最厉害的药,使人心乱眼花,他的病是不会好的。假如一个人赤着脚走路,又不看地下,他的脚一定会被扎伤。'像武丁那样神明,有着无所不通的广泛智慧,他聪明过人,没有昏庸不明的毛病,还说自己不能治理国家,所以在三年中沉默不言思考当君主的办法。当他已经知晓怎样当君主时,还不敢独断专行,派人带着画像到处去找圣人。找到以后让他辅佐自己,又害怕自己弃置忘掉,所以才叫他早晚教诲规劝,说:'一定要教育和勉励我,不要抛弃我。'现在君主或者还赶不上武丁,却讨厌劝告你的人,这不是太糟糕了吗?

楚语上

"齐桓公、晋文公，都不是有继承权的嫡长子，他们奔走于诸侯国之间，不敢放纵安逸，心里遵循善言，以德行当上了国君。用身边大臣的劝告、边远臣僚的议论、众人的谣谚来儆戒自己，谨慎从事。因此当他们刚回国为君时，四面的封疆听从他们教令的都还不到方圆一百里，后来却很快扩张为方圆一千里的大国，并能会合诸侯，直到现在被称为杰出的贤君。齐桓公、晋文公都是这样，君主您不发愁赶不上这两位杰出的贤君，却只想贪图安逸，恐怕不行吧！《周诗》里有这样的话：'弗躬弗亲，庶民弗信。'我怕百姓不信任君主您，所以有意见不敢不说出来。如果不是这样，那我又为什么要这样急切地用自己的话招来罪过呢？"

灵王很窘，也很讨厌白公，对他说："你尽管一再说吧，我即使不能照着做，却愿意把这些话塞在耳朵里。"白公回答说："我是希望君主您接受我的劝告，所以才说这些话。如果您听不进去，那么巴浦地方犀、牦、兕、象的牙角用做塞耳的瑱，难道能用得完吗？又何必以规劝之辞当瑱呢？"说完就快步退下，回到家中，关起门来不再出去。七月，就发生了乾谿的叛乱，灵王终于死在这场叛乱之中。

楚语下

子常问蓄货聚马斗且论其必亡

斗且看到令尹子常只顾蓄积财富,不关心百姓的死活,便断定贪如豺狼的子常一定会自取灭亡。他正面举出斗子文三任令尹,家中毫无积蓄、廉洁爱民的典型事例,表彰了他"我逃死,非逃富"的名言,认为官吏就应该"庇民"。这是可贵的古代民本主义思想。斗且还认识到民众的愤怒如同不可阻挡的滔滔洪水,引起过多的民怨,一定会被民众推翻。这是统治阶级内部人士受到人民力量的震慑所总结出来的历史教训,表现了比较深刻的认识价值。他大声疾呼反对聚敛无度,力主"恤民",这不仅在当时是进步的,就是在今天也应充分肯定。

斗且廷见令尹子常①,子常与之语,问蓄货聚马。归以语其弟,曰:"楚其亡乎!不然,令尹其不免乎!吾见令尹,令尹问蓄聚积实②,如饿豺狼焉,殆必亡者也③。

"夫古者,聚货不妨民衣食之利④,聚马不害民之财用。国马足以行军⑤,公马足以称赋⑥,不是过也;公货足以宾献⑦,家货足以共用⑧,不是过也。夫货、马邮则阙于民⑨,民多阙则有离叛之心,将何以封矣⑩。

"昔斗子文三舍令尹⑪,无一日之积,恤民之故也。成王闻子文之朝不及夕也⑫,于是乎每朝设脯一束、糗一筐⑬,以羞子文⑭。至于今令尹秩之⑮。成王每出子文之禄,必逃,王止而后复。人谓子文曰:'人生求富,而子逃

---

① 斗且:楚大夫。廷:据《述闻》卷二一:"'廷'亦'迋'之讹。"迋(wàng 望),往。子常:子囊之孙,名囊瓦。 ② 实:钱财。 ③ 殆:大概,恐怕。 ④ 货:珠玉之类。 ⑤ 国马:国家征收的民马。 ⑥ 公马:公卿家畜养的军马。称:举。赋:兵赋。 ⑦ 宾献:馈赠贡献。 ⑧ 家:指大夫之家。共:供给。这一意义后来写作"供"。 ⑨ 邮:超过。阙:与"缺"同,伤损。 ⑩ 封:立国。 ⑪ 斗子文:即斗谷於(wū 乌)菟,斗伯比之子。舍:离去。 ⑫ 成王:楚成王熊頵(yūn 氲),公元前671—前626年在位。朝不及夕:吃了早饭没有晚饭。 ⑬ 脯(fǔ 府):干肉。糗(qiǔ 秋上声):干粮。 ⑭ 羞:进献食品。 ⑮ 秩:惯例。

之,何也?'对曰:'夫从政者,以庇民也。民多旷者①,而我取富焉,是勤民以自封也②,死无日矣。我逃死,非逃富也。'故庄王之世,灭若敖氏③,唯子文之后在④,至于今处郧⑤,为楚良臣。是不先恤民而后己之富乎?

"今子常,先大夫之后也⑥,而相楚君,无令名于四方。民之羸馁⑦,日已甚矣。四境盈垒⑧,道殣相望⑨,盗贼司目⑩,民无所放⑪。是之不恤,而蓄聚不厌,其速怨于民多矣⑫。积货滋多,蓄怨滋厚,不亡何待。

"夫民心之愠也⑬,若防大川焉,溃而所犯必大矣。

---

① 旷:空。此指穷国。 ② 勤:通"瘽",困苦。 ③ 灭若敖氏:公元前605年子文的侄子斗椒作乱,楚庄王灭掉子文之族若敖氏。 ④ 唯子文之后在:在楚庄王灭若敖氏时,子文的孙子箴尹克黄奉命出使齐国回楚,自拘请罪,庄王念子文治楚有功,说:若杀了克黄,子文便没有后人,就无法勉励功臣为善了,于是就使克黄官复原职。 ⑤ 至于今处郧(yún 云):子文的后代在楚昭王时为郧公。郧,在今湖北钟祥境内。 ⑥ 先大夫:指子囊,楚恭王时当令尹。 ⑦ 羸(léi 雷):瘦弱。馁(něi 内上声):饥饿。 ⑧ 垒:壁垒,军事防御工事。 ⑨ 殣(jǐn 谨):在路上掩埋死人的坟。 ⑩ 司目:斜着眼睛窥视。司,通"伺"。 ⑪ 放(fǎng 访):依靠。 ⑫ 速:招来。 ⑬ 愠(yùn 运):怨恨。

子常其能贤于成、灵乎①？成不礼于穆②，愿食熊蹯③，不获而死。灵不顾于民，一国弃之，如遗迹焉④。子常为政，而无礼不顾，甚于成、灵，其独何力以待之！"期年，乃有柏举之战⑤，子常奔郑，昭王奔随⑥。

【翻译】

　　斗且去进见令尹子常，子常和他谈话，问他怎样积聚珠宝和马匹。斗且回来后对他的弟弟说："楚国大概要灭亡了吧！如果不灭亡，令尹本人恐怕要遭到祸患了。我见到令尹，他问我怎样积聚珠宝、马匹和钱财，就像饥饿的豺狼一样，恐怕他就要完了。

　　"在古代，积聚珠宝不妨害百姓穿衣吃饭的利益；积聚马匹不影响百姓钱财的用度。国家征用百姓的马匹满足行军的需要就可以了，公卿家的马匹满足军赋的需

---

① 成、灵：成，楚成王。灵，楚灵王。　② 成不礼于穆：楚成王要废穆王不合礼法。楚成王是穆王商臣的父亲，想废掉商臣立他弟弟职当太子，商臣就包围了成王。成王要求吃完熊掌后再死，商臣不答应，成王自杀。　③ 熊蹯（fán 凡）：熊掌。　④ 迹：脚印。　⑤ 柏举之战：蔡昭侯朝见楚昭王，子常想要他的佩玉；唐成公也来朝见，子常想要他的骕骦马。他们不肯交出，被子常扣押三年，两人屈服，才被放回本国。于是蔡、唐联合吴国攻楚，于公元前506年在柏举打败楚军。柏举，在今河南西平境内。　⑥ 随：国名，在今湖北随州。

要就可以了，不能超过这个限度；公卿家的珠宝足够馈赠贡献为止，大夫家的财货足够吃穿使用为止，不能超过这个限度。珠宝和马匹若积聚过多就要损害百姓，百姓受损严重就会产生叛离的念头，那将凭什么维护保全国家呢？

"从前斗子文曾经三次辞去令尹职务，他没有攒下一天的积蓄，是为了怜恤百姓的缘故。楚成王听说子文吃了早饭就没有晚饭，就在每天上朝时准备一捆干肉、一筐干粮，送给子文。直到现在朝廷上还给令尹准备吃的东西，已成为一种惯例。成王每次要稍微多给子文一些俸禄，子文一定要逃走，成王不再这样做时，他才又回来任职。有人问子文说：'人活着就要追求富裕，可您却逃避它，是什么缘故呢？'他回答说：'从事政务的人，是要保护百姓的。如果百姓中贫穷的很多，我却得到了财富，那是使百姓困苦而加多自己的产业，不知哪天就要遭祸而死了。我是逃死，不是逃富。'所以庄王灭若敖氏家族时，只留下了子文的后人，直到如今还当郧公，成为楚的良臣，这不正是先怜恤百姓然后自己才富有的吗？

"现今这个子常，是先大夫子囊的后人，辅佐楚国国君却在全国没有好的名声。百姓瘦弱饥饿，一天比一天严重了。四周边境到处是军事壁垒，外患不断，道路上掩埋死人的坟到处可见，盗贼窥伺着行人，民众没有任何依靠。子常不周济民众,却没完没了地搜刮,就要招来更多的民怨了。聚敛的珠宝越多,积累起来的怨恨就越大,他不灭亡还等什么呢?

"对待民众心里的愤怒,就像防范大河泛滥一样,堤坝崩溃造成的灾害,必定是很大的。子常能比成王、灵王下场更好些吗?成王要废穆王,不合礼的规定,临死前要求吃熊掌,没有实现就自杀了。灵王不关心民众,全国人鄙弃他,如同对待脚印一样。子常管理国政,他对别人的无礼,比成王还过火;他不顾百姓,比灵王还厉害,他一个人有多大力量对付百姓呢!"一年之后,就发生了柏举之战,子常逃亡到郑国,昭王逃到随国。

蓝尹亹避昭王而不载

柏举之战中楚昭王出逃,路遇蓝尹亹。蓝尹亹不仅拒绝昭王乘他的车,还指责他亡国的过错。昭王复位后,蓝尹亹又来求见,申明他前来观察昭王是否已经接受教训、痛改前非。蓝尹亹既敢于怒斥亡国的楚昭王,又敢于冒着被杀害的危险,义正辞严地要求他真心改正过失,不再重蹈覆辙。由此可见,蓝尹亹不是唯唯诺诺的驯顺奴仆,而是一位严明刚正、忧国忧君的杰出大臣。他的高大形象给后世直言敢谏之臣留下了深刻的影响。

吴人入楚①,昭王出奔②,济于成臼③,见蓝尹亹载其孥④。王曰:"载予。"对曰:"自先王莫坠其国⑤,当君而亡之,君之过也。"遂去王。王归⑥,又求见,王欲执之,子西曰⑦:"请听其辞,夫其有故。"王使谓之曰:"成臼之役,而弃不穀,今而敢来,何也?"对曰:"昔瓦唯长旧怨⑧,以败于柏举,故君及此。今又效之,无乃不可乎?臣避于成臼,以儆君也⑨,庶悛而更乎⑩?今之敢见,观君之德也,曰:庶忆惧而鉴前恶乎?君若不鉴而长之,君实有国而不爱,臣何有于死,死在司败矣⑪,惟君图之!"子西曰:"使复其位,以无忘前败。"王乃见之。

【翻译】

吴王阖闾的军队攻入楚国,楚昭王出逃,在成臼渡口过河,遇见蓝尹亹用车拉着妻子儿女。昭王对他说:"你拉上我。"蓝尹亹回答说:"从先王以来没有一个楚王

---

① 吴人:指吴王阖闾的军队。 ② 昭王:楚昭王熊轸,公元前515—前489年在位。 ③ 成臼:渡口名,在今湖北汉川境内。 ④ 蓝尹亹(wěi伟):楚国大夫。 ⑤ 坠:失去,丢掉。 ⑥ 王归:申包胥向秦求救,秦出兵与楚合击吴,吴败退,昭王又回到楚国。 ⑦ 子西:令尹公子申,是平王的儿子,昭王的庶兄。 ⑧ 瓦:即囊瓦,子常的名。 ⑨ 儆(jǐng景):儆戒。 ⑩ 庶:差不多。悛(quān圈):改过,悔改。 ⑪ 司败:楚国称司寇为司败。

失掉自己国家的,到了君主您在位时就把国家丢掉了,这是您的过错。"说完就抛开昭王走了。昭王回国后,蓝尹亹又来求见,昭王想把他逮捕起来,子西说:"请您听听他说些什么,他前来大概有个缘故。"昭王派人对他说:"在成臼的战事里,你抛弃了我,现在你还敢来,是为什么?"他回答说:"以前囊瓦只知增加旧日仇怨,和人作对,以致在柏举被吴国打败,所以才使君主您到了那种地步,现在您又来仿效他不忘旧怨,恐怕是不应该的吧!我在成臼那里避开您,是为了儆戒您。这回您差不多该痛改前非了吧!现在我敢来求见,是为了观察您的德行的,我想说:您总该回忆战败的可怕并且认清以前的过失了吧!如果您不接受教训还要变本加厉,这是您重新恢复了国家却不爱惜它,我又何惜于一死?可由司败处死我,这就要由君王您考虑了。"子西说:"让他恢复原来的职位,使我们一见他就不忘以前的失败。"昭王这才出来接见他。

蓝尹亹论吴将毙

　　楚国大夫蓝尹亹劝令尹子西不要害怕吴王夫差。他认为阖庐生活俭朴、关心百姓、礼贤下士，有过必改，得到民众支持才打败了楚国。夫差则不惜劳民伤财满足个人私欲，并恣意蛮干、阻挠劝谏，不可能具有打败楚国的雄心和战斗力。这种分析评论鞭辟入里、切中肯綮，远比子西只看吴国表面强大、没有看到它已向腐朽虚弱的方面转化要深刻得多。

　　子西叹于朝，蓝尹亹曰："吾闻君子唯独居思念前世之崇替①,与哀殡丧②,于是有叹,其余则否。君子临政思义,饮食思礼,同宴思乐,在乐思善,无有叹焉。今吾子临政而叹,何也?"子西曰:"阖庐能败吾师③,阖庐即世,吾闻其嗣又甚焉④,吾是以叹。"

对曰:"子患政德之不修,无患吴矣。夫阖庐口不贪嘉味,耳不乐逸声⑤,目不淫于色,身不怀于安,朝夕勤志,恤民之羸。闻一善若惊⑥,得一士若赏,有过必悛,有不善必惧,是故得民,以济其志。今吾闻夫差好罢民力⑦,以成私好,纵过而翳谏⑧。一夕之宿,台榭陂池必成,六畜玩好必从⑨。夫差先自败也已,焉能败人。子修德以待吴,吴将毙矣。"

【翻译】

子西在朝堂上叹息,蓝尹亹对他说:"我听说君子只在独居思考前代的盛衰和为殡殓发丧悲伤时才叹息,在

---

① 崇:兴盛。替:衰亡。 ② 殡:把尸体殓入棺中却未埋葬。 ③ 阖庐:名光,吴王诸樊的儿子,公元前514—前496年在位。 ④ 嗣:指阖庐的继承人夫差。 ⑤ 逸声:淫佚的音乐。 ⑥ 闻一善若惊:据《考异》卷四:"《后汉书·文苑传》注、《文选》孔文举《荐祢衡表》、潘安仁《杨荆州诔》注引《国语》,'善'下有'言'字。" ⑦ 夫差:吴王阖庐的儿子,公元前495—前473年在位。 ⑧ 翳(yì):障蔽、遮盖。 ⑨ 六畜:马、牛、羊、鸡、狗、猪。

其他情况下并不叹息。君子在处理政事时应考虑合于事理，饮食应考虑合于礼节，共同宴会时要想到欢乐，在欢乐时要想到做善事，不应该叹息。现在您在处理政务时叹息，是什么缘故呢？"子西说："吴王阖庐能够打败我们楚国军队，阖庐死去了，我听说他的继承人比他还要厉害，我就是因为这事才叹息。"

　　蓝尹亹回答说："您应该担心国政和自己的德行没有搞好，不必担心吴国。阖庐为人不贪吃美味佳肴，不喜欢听淫佚的音乐，不沉溺于女色，不贪图安逸，从早到晚勤劳不息，怜恤百姓的困苦。听到一句好话就受宠若惊，得到一位贤士就像受到了赏赐，犯了过错一定改正过来，做了不合适的事一定感到害怕，所以才得到百姓支持，达到了战胜楚国的愿望。如今我听说夫差喜欢用尽百姓的力量来取得个人爱好的东西，恣意蛮干、纵容自己的过失并且拒绝劝告。哪怕只在某地住一夜，他也必须要求把台榭池沼等可供观赏的景物完全建成，马牛羊鸡狗猪和各种玩物珠宝服饰也都要随着送到。夫差这样做是自己已经搞垮了自己，怎么能打败别人呢？您可以搞好国政等待吴国的变化，吴国就要灭亡了。"

吴　语

越王句践命诸稽郢行成于吴

春秋末期吴越两国连年互相征伐，双方互有胜负。吴王阖庐攻越失败，伤重身亡。夫差誓报父仇，三年后胜越，越王句践退守会稽。越国为了报仇雪耻，必须创造休养生息的机会，当时只能忍辱负重，派诸稽郢赴吴求和。诸稽郢以不卑不亢的态度，婉转陈辞而又字挟风霜，指出越不记吴入侵边陲之怨，吴不应再伐越；越以事天子之礼事吴，吴没有理由再伐越；吴既已扶植越，再行征伐，出尔反尔，将失信于诸侯，决不能建立称霸的功业。他从容不迫，说理充分，绵里藏针，刺中夫差的要害。战败的越国为了求得生存与发展，除了依靠人民，凭借外交辞令来折服对方也收到了显著的功效。

吴王夫差起师伐越①,越王句践起师逆之②。大夫种乃献谋曰③:"夫吴之与越,唯天所授,王其无庸战。夫申胥、华登简服吴国之士于甲兵④,而未尝有所挫也。夫一人善射,百夫决拾⑤,胜未可成也。夫谋必素见成事焉⑥,而后履之,不可以授命⑦。王不如设戎,约辞行成⑧,以喜其民,以广侈吴王之心。吾以卜之于天,天若弃吴,必许吾成,而不吾足也⑨,将必宽然有伯诸侯之心焉⑩。既罢弊其民,而天夺之食,安受其烬⑪,乃无有

---

① 夫差起师伐越:吴王阖庐在公元前496年伐越,在樵李被越打败,因伤致死。三年后夫差起兵为父报仇,在夫椒打败越军。越王句践仅余五千士卒,退守会稽。 ② 句(gōu 勾)践:禹之后,姒姓,越王允常的儿子。 ③ 大夫种:文种,字禽,越国大夫。 ④ 申胥:即伍员(yún 云),字子胥,楚大夫伍奢的儿子。公元前522年楚平王杀伍奢,子胥逃到吴国,吴王封子胥于申地,所以又称申胥。华登:原为宋国人,因避祸逃到吴国,为吴大夫。简:选择。服:操练、学习。 ⑤ 决:用象骨做的射箭用的扳指,套在右手拇指上,用来钩弓弦。拾:用皮革做的射韝,套在左臂上,用来敛袖护臂。 ⑥ 素:预先,事前。 ⑦ 授命:送命。 ⑧ 约辞:卑下的言辞。行成:求和。成,平。 ⑨ 不吾足也:不把我们越国看成可怕的了。 ⑩ 伯:通"霸",称霸。 ⑪ 安受其烬:安稳地等着去收拾残局。烬,灰烬。

命矣。"

越王许诺,乃命诸稽郢行成于吴①,曰:"寡君句践使下臣郢不敢显然布币行礼,敢私告于下执事曰②:昔者越国见祸,得罪于天王。天王亲趋玉趾③,以心孤句践④,而又宥赦之⑤。君王之于越也,繄起死人而肉白骨也⑥。孤不敢忘天灾,其敢忘君王之大赐乎?今句践申祸无良⑦,草鄙之人,敢忘天王之大德,而思边垂之小怨⑧,以重得罪于下执事?句践用帅二三之老⑨,亲委重罪⑩,顿颡于边⑪。

"今君王不察,盛怒属兵⑫,将残伐越国。越国固贡

吴语

---

① 诸稽郢:越国大夫。 ② 下执事:指吴王手下供使役的人。诸稽郢表示不敢直接对吴王说话,而要让管事的人传话,这是古人谦卑的说话方式,实际上就指吴王本人。 ③ 亲趋玉趾:指吴王阖庐亲自率兵伐越。玉趾,贵步。 ④ 心孤句践:心弃句践,不准他求和归顺。 ⑤ 又宥赦之:指阖庐兵败而退:诸稽郢不敢明说,只说是:又饶恕了我们,引兵回吴了。 ⑥ 繄(yī衣):是。起死人:使死了的人复活。肉白骨:使白骨上又长出了血肉。都是使动用法,表示吴王对越国简直是恩同再造。 ⑦ 申:重。祸:遭受灾祸,指两次遭到吴国征伐。无良:不善。 ⑧ 边垂之小怨:吴伐越,蹂躏了越国的边疆,只是小怨。边垂,远边。 ⑨ 用:因此。二三:若干。老:家臣。 ⑩ 委:承担。 ⑪ 顿颡(sǎng嗓):叩头。颡,前额。 ⑫ 属:会,集。

献之邑也,君王不以鞭箠使之①,而辱军士使寇令焉②。句践请盟:一介嫡女③,执箕帚以晐姓于王宫④;一介嫡男,奉槃匜以随诸御⑤;春秋贡献,不解于王府⑥。天王岂辱裁之?亦征诸侯之礼也⑦。"

"夫谚曰:'狐埋之而狐搰之⑧,是以无成功。'今天王既封植越国⑨,以明闻于天下,而又刈亡之⑩,是天王之无成劳也。虽四方之诸侯,则何实以事吴⑪?敢使下臣尽辞,唯天王秉利度义焉⑫!"

【翻译】

吴王夫差起兵攻打越国,越王句践出兵迎战。越国

---

① 鞭箠:古代刑具。箠,杖刑。 ② 辱:没,谦词。寇令:抵御寇贼的号令。 ③ 一介:一人。 ④ 晐(gāi 该)姓:把女儿送给天子叫备百姓。晐,备。 ⑤ 槃(pán 盘):盛水器。匜(yí 夷):古代盛水用以浇水冲洗的用具,洗手时匜盘合用,用匜倒水,以盘承接。御:近臣宦竖一类的人。 ⑥ 解:通"懈",怠。 ⑦ 征诸侯之礼:天子征伐诸侯,兴师问罪,诸侯就应该按礼以男臣女妾供奉天子。此处以天子比夫差。 ⑧ 狐埋之而狐搰之:狐多疑,把东西埋藏起来,马上又怕不稳妥,又掘出来,比喻人的多疑。搰(hú 胡),掘出。 ⑨ 封植:栽培、扶植。 ⑩ 刈亡:芟割。 ⑪ 何实以事吴:诸侯各国想臣事吴国,看什么做榜样呢?实,事实。事,臣事,侍奉。 ⑫ 秉利度义:掌握有利的,度量合宜的。秉,执。度(duó 夺),估量。义,宜。

大夫文种向越王献计说:"吴国和越国接壤,互相攻伐,不容易并存,只看上天支持哪一国了,君王您可以不同他们作战。申胥、华登两人选拔吴国的人学习甲兵,加紧操练,还从来没有打过败仗。有一个人善于射箭,就会有一百个人戴上扳指、套上护臂向他学习,申胥等善于用兵,吴国人一定会尚武成风,我们要战胜吴国是不可能的。凡是谋划一件事必须预先就估计它一定能成功,然后再去做,不应该毫无把握地去送命。君王不如设兵防守,用谦卑的言辞去向吴国求和,用这种做法让吴国人高兴,又可以使吴王一天比一天骄傲,将来走向失败。我们可以借这件事卜问天意,上天倘若抛弃吴国,吴国就必然允许我们求和;并会认为我们越国是不足畏惧的了,必将对越国放宽,滋长称霸诸侯的野心。等吴国百姓被战争弄得非常疲惫以后,再遭受天灾、粮食歉收,我们就可以安稳地去收拾残局,吴国就不再有天命的支持,非亡国不可了。"

越王同意,就派诸稽郢到吴国求和,说:"敝国君主句践派小臣诸稽郢前来,不敢公然地来你们吴国陈布礼物,分庭抗礼,只敢私自告诉你的执事大夫说:从前越国遭受灾祸,得罪了天王。天王大驾亲征,心弃句践,不准求和归顺;后来又饶恕了我们,引兵回吴了。君王对越国,实在是把死人救活和使白骨上长出了新肉。句践我不敢忘掉天灾,又怎敢忘掉君王给我的厚赐呢?现在句践又一再遭受灾祸,德行不善,我这草野卑贱的人,怎么敢忘掉天王的大德,去斤斤计较两国边境上不愉快的小磨擦,再一次得罪您手下办事的大夫呢?句践因此带领几个老臣,亲自认罪,在边境上向您叩头。

"现今君王不了解我们原是在边境请罪,误以为我们要对抗,在气头上会合军队,将要攻破越国。越国本来就是向吴国进贡的城邑,君王不用鞭箠刑具来指使我们,却承蒙您的军队用抵御外寇的命令来征伐我们。句践特来请求定盟:让我嫡妻所生的一个女儿手持箕箒担任王宫洒扫的差使,作您的小妾;让我嫡妻所生的一个儿子拿着槃匜跟随宦竖侍候您,作您的奴仆;春秋两季的贡品,我们要不断地送到您的王府。难道还要屈尊天王制裁我们么?现在这样定盟,也就是天子向诸侯征讨税收的法则了。

"谚语说:'狐埋之而狐搰之,是以无成功。'现在天王既然扶植了越国,睿智圣明为天下所共知,可又想灭掉它,这是天王不得成功的地方。各国诸侯想臣事吴国将以什么做榜样呢?允许越国求和,才能使诸侯相信吴国。现在句践斗胆叫小臣来把话说明白,希望天王根据利和义来决定怎样做才合适。"

吴王夫差与越荒成不盟

当夫差正要同意与越国讲和时，申胥对夫差提出了劝告，揭发越国怂恿夫差征伐中原、称霸诸侯、消耗国力，以便灭亡吴国的企图。夫差拒不采纳，却听从诸稽郢的建议，空口答应讲和。这是夫差骄傲自满、忘掉心腹之疾，盲目迷信武力，妄想称霸，利令智昏、自取灭亡的开始。而越国，只讲和不结盟却是心机深远的，正是为时机一旦成熟就撕毁和约、出兵灭吴预作准备。

吴王夫差乃告诸大夫曰:"孤将有大志于齐①,吾将许越成,而无拂吾虑②。若越既改,吾又何求?若其不改,反行,吾振旅焉。"

申胥谏曰:"不可许也。夫越非实忠心好吴也,又非慑畏吾兵甲之强也。大夫种勇而善谋,将还玩吴国于股掌之上③,以得其志。夫固知君王之盖威以好胜也④,故婉约其辞⑤,以从逸王志⑥,使淫乐于诸夏之国⑦,以自伤也。使吾甲兵钝弊,民人离落,而日以憔悴,然后安受吾烬。夫越王好信以爱民,四方归之,年谷时熟,日长炎炎⑧。及吾犹可以战也,为虺弗摧⑨,为蛇将若何?"

吴王曰:"大夫奚隆于越⑩?越曾足以为大虞乎⑪?若无越,则吾何以春秋曜吾军士⑫?"乃许之成。

将盟,越王又使诸稽郢辞曰:"以盟为有益乎?前盟口血未干,足以结信矣。以盟为无益乎?君王舍甲兵之威以临使之⑬,而胡重于鬼神而自轻也?"吴王乃许之,荒

---

① 孤:吴王自称。有大志于齐:准备征伐齐国。 ② 拂(fú 弗):违反。 ③ 还:通"旋",旋转。 ④ 盖威:好施威风。盖,崇尚。 ⑤ 婉约:委婉谦和。 ⑥ 从逸:恣纵放荡。从,通"纵"。 ⑦ 淫乐:惑乱。 ⑧ 炎炎:兴盛的样子。 ⑨ 虺(huǐ 毁):小蛇。 ⑩ 隆:推崇。 ⑪ 曾(zēng 增):岂,竟,语气副词。虞:忧患。 ⑫ 曜:炫耀,显示。 ⑬ 甲兵之威以临使之:有的是甲兵,随时可以威临越国。

成不盟①。

【翻译】

　　吴王夫差于是就告诉各位大夫说:"我想讨伐齐国,以实现称霸的大志,我将要答应越国请和的要求,你们不要违背我的计划。倘若越国能够改悔,我对它还有什么要求呢?如果它不改悔,等从中原回来以后再起兵去攻打它。"

　　申胥劝告说:"不可允许越国求和。越国不是诚心实意对吴国和好,又不是害怕我们军队的强大。越国大夫文种既勇敢又善于谋划,他是要把我国旋转玩弄于大腿手掌之上,简直像对待小儿一样,以便达到灭亡吴国的目的。他本来了解君王您好施威风并且争强好胜,所以故意说些温顺恭维的话,好使您的心恣纵放荡,使您惑乱骄横,对中原各诸侯国去逞凶,最后使您伤害自己。他还要使我们军队疲惫、百姓叛离逃亡、国力一天天削弱,然后安稳地来收拾我们的残局。越王为人讲信用又爱惜百姓,四方百姓都归附他,粮食连年丰收,国势越来越兴旺了。趁我们还可以打败他的时候就要打败他,他

---

　　① 荒成不盟:凭空允许了越国的乞和,不歃血为盟。荒,空。

还是小蛇不打死他，若长成了大蛇又该怎么对付呢？"

吴王说："大夫为什么长越国志气，灭自己威风？越国竟然能成为我国的严重忧患吗？倘若没有越国，春秋两季检阅的时候，我们的军队向谁去耀武扬威呢？"于是就答应了越国讲和的要求。

就要举行结盟仪式时，越王又派诸稽郢推辞说："如果认为盟誓是有益处的，那么上次结盟时涂的口血还没有干，完全能够互相凭信了。如果认为盟誓是没有益处的，君王你为什么不用军队的威严直接去讨伐、强迫越国接受？却为何只看重鬼神的监督而轻视自己呢？"吴王听信诸稽郢的说法就允许了越国的要求，只空口答应讲和而没有举行盟誓。

夫差伐齐不听申胥之谏

　　夫差同意与越议和后立即准备伐齐,申胥再次作了及时的劝谏。他对越王的深谋远虑、志在雪耻灭吴了若指掌,一针见血地指出齐、鲁不过是疥癣之疾,而越才是致命的心腹之患,用以论证伐齐的无益和防越的必要。他又叙述了楚灵王的种种暴行激起乾谿之乱,详尽地描摹他走投无路,自缢毙命前的悲惨状况,用以震慑夫差,使他幡然悔悟,不蹈覆辙。最后更尖锐地揭露夫差的纵欲劳民,使吴民饥困已极,再兴师伐齐,后果不堪设想。申胥的分析精湛深刻,有理有据,表现了他的耿耿忠心与正确的政治预见。但夫差仍然置若罔闻。伐齐虽然获胜,却已预伏下更大的危机。

吴王夫差既许越成,乃大戒师徒①,将以伐齐。申胥进谏曰:"昔天以越赐吴,而王弗受。夫天命有反,今越王句践恐惧而改其谋,舍其愆令②,轻其征赋,施民所善,去民所恶。身自约也,裕其众庶③,其民殷众④,以多甲兵。越之在吴,犹人之有腹心之疾也。夫越王之不忘败吴,于其心也侙然⑤,服士以伺吾间⑥。今王非越是图,而齐、鲁以为忧。夫齐、鲁譬诸疾,疥癣也,岂能涉江、淮而与我争此地哉?将必越实有吴土⑦。

"王其盍亦鉴于人,无鉴于水。昔楚灵王不君⑧,其臣箴谏以不入⑨。乃筑台于章华之上,阙为石郭⑩,陂汉⑪,以象帝舜⑫。罢弊楚国,以间陈、蔡。不修方城之

---

① 戒:命令,告知。 ② 愆令:错误的政令。 ③ 裕:富饶。 ④ 殷:众多。 ⑤ 侙(chì)然:警惕,恐惧。 ⑥ 服士:训练士卒。间(jiàn见):间隙,这里指空隙、空子。 ⑦ 实:实在。 ⑧ 不君:不行君道,暴虐不仁。 ⑨ 箴:规戒,劝告。不入:不接受。 ⑩ 阙:通"掘",挖掘。 ⑪ 陂:壅塞。汉:汉水。 ⑫ 以象帝舜:灵王建章华台用以模仿埋葬舜的九疑山。灵王堵截汉水,使它绕石郭一周,如同九疑山被水环绕一样。

内①,逾诸夏而图东国②,三岁于沮、汾以服吴、越③。其民不忍饥劳之殃,三军叛王于乾谿。王亲独行,屏营仿偟于山林之中④,三日乃见其涓人畴⑤。王呼之曰:'余不食三日矣。'畴趋而进,王枕其股以寝于地。王寐,畴枕王以璞而去之⑥。王觉而无见也,乃匍匐将入于棘闱⑦,棘闱不纳,乃入芋尹申亥氏焉⑧。王缢,申亥负王以归,而土埋之其室。此志也⑨,岂遽忘于诸侯之耳乎?

"今王既变鲧、禹之功⑩,而高高下下⑪,以罢民于姑

---

① 不修方城之内:指不治理领域以内的政事。方城,楚国北境的山。 ② 诸夏:指陈、蔡两国。东国:指徐、夷、吴、越等国。 ③ 沮(jū苴)、汾:楚国东部边境的两条河,在乾谿一带。公元前536年楚令尹子荡伐吴,驻扎在乾谿。 ④ 屏(bīng兵)营:惶恐匆忙的样子。仿偟:同"彷徨",徘徊。 ⑤ 涓人:即后来的中涓,宫中的侍从。畴:涓人的名字。 ⑥ 璞:土块。 ⑦ 匍匐(pú fú菩扶):爬行。棘:楚地名。闱:门。 ⑧ 芋尹:芋地长官。申亥:楚大夫,他父亲芋尹无宇两次犯罪被灵王赦免,他为报恩寻访灵王。灵王沿着夏水逃往鄢水,申亥在棘闱遇见他。 ⑨ 志:记事的书。 ⑩ 变鲧、禹之功:改变了鲧、禹父子相承的功德。禹是鲧的儿子,总结了鲧治水失败的教训,治水终于成功。夫差却改变其父阖庐俭朴爱民的做法。 ⑪ 高高下下:使高处更高,即建台榭;使低处更低,即挖池塘。

苏①。天夺吾食,都鄙荐饥②。今王将很天而伐齐③。夫吴民离矣,体有所倾④,譬如群兽然,一个负矢⑤,将百群皆奔,王其无方收也。越人必来袭我,王虽悔之,其犹有及乎?"

王弗听。十二年⑥,遂伐齐。齐人与战于艾陵⑦,齐师败绩,吴人有功⑧。

【翻译】

吴王夫差答应越国求和之后,立即下令告知全军,准备伐齐。申胥劝告夫差说:"从前上天把越国赏赐给吴国。君王却不接受。天命往往要有反覆变化,盛极而衰,祸变为福。现在句践因为害怕我们便改变了他的谋略,废除了他的错误政令,减轻了赋税,推行百姓喜欢的,改掉百姓厌恶的。他自己节俭,却让百姓富裕,人口猛增,军队也多了起来。越国对于吴国来说,就像人的心腹疾病一样。越王忘不了要打败吴国,他内心里高度

---

① 姑苏:原为山名,在今苏州。夫差在山上建台,叫姑苏台。 ② 荐饥:连年饥荒。荐,重复,一再。 ③ 很:违背,不听从。 ④ 倾:受伤。 ⑤ 个:通"介",无偶的兽。 ⑥ 十二年:夫差十二年,为公元前484年。 ⑦ 艾陵:齐国的地名,在今山东莱芜东境。 ⑧ 有功:吴国战胜齐国,俘虏国书等将领,获革车八百乘,甲首三千。

警惕着,加紧操练士卒,准备钻我们的空子来进攻。现在君王不考虑对付越国,却以齐、鲁为忧。用病症打比喻,齐、鲁两国是疥癣一样的小病,他们怎么能够渡过长江、淮水和我们争夺国土啊?将来一定是越国要占有吴国的土地。

"君王为什么不用别人当作镜子照一照,不要用水做镜子,因为水只能照见影子,用人做镜子却能照见事业的成败。从前楚灵王不行君道,他的群臣对他的劝告他全然听不进去。楚灵王在章华上面建筑高台。挖掘成石郭,堵截汉水使水环绕石郭,模仿九疑山舜的坟墓。这一浩大工程使楚国受到严重消耗,他又伺机灭掉陈、蔡两国。他不认真治理境内的国政,却又越过陈、蔡两国去攻伐吴、越。但是楚国百姓忍受不了饥饿劳苦的灾祸,三军在乾谿叛变了灵王。灵王一个人逃出,惶恐匆忙地在山林里徘徊,走了三天才碰见叫畴的宫中侍从。灵王大声呼喊着对他说:'我三天没有吃饭了。'畴恭敬地快步跑到灵王跟前,灵王就枕着他的大腿躺在地上。等灵王睡熟以后,畴用土块给灵王枕上,自己却离开他逃走了。灵王醒了以后不见畴的踪影,便爬行到棘邑的城门口,棘邑守门官员不肯收容他,他只好投奔芋尹申亥氏家中。灵王自缢身死,申亥背着灵王的尸身回来,用土把他埋在自己室内。这个记载,难道那么迅速地在诸侯的耳朵里被忘掉了吗?

"现在君王您改变了鲧、禹父子相承治水的功德,抛弃了先王勤俭爱民的做法,高起台榭,下挖深池,用建姑苏台的劳役把吴国百姓弄得筋疲力尽。又加上天灾夺去我们的粮食,从都城到边邑都是连年饥荒。现在君王还要违背上天的意志去攻伐齐国。吴国百姓就要叛离了!我们已经受到伤害,就像一群野兽一样,其中一个被箭射中,上百群的野兽都要逃奔的,君王没办法再把他们收拢回来。到那时越国人必然乘机来袭击我们吴国,君王即使后悔,还来得及吗?"

夫差不接受申胥的劝阻,在他即位十二年时(即鲁哀公十一年)出兵伐齐。齐军和吴军在艾陵大战,齐军惨败,吴军大获全胜。

申胥自杀

夫差不听申胥的劝告出兵伐齐,使吴获得胜利,为此夫差更加狂傲。回国后便对申胥厉声责难,给他强加上危害吴国的罪名。申胥却尖锐地指出,夫差得志而骄、一意孤行,必有大忧。他以先王阖庐的任人、决策、救倾和夫差处处对照,阐明夫差一定会使吴国短命而亡。最后他表示不愿见到夫差成为越国俘虏,自尽身亡。临死前他提出"目悬东门,以见越入"的要求,更表现了他的英明预见和满腔悲愤。而夫差把申胥的尸体装入革囊投进江中,则说明了他的刚愎与暴虐。

吴王还自伐齐,乃讯申胥曰①:"昔吾先王体德明圣②,达于上帝③,譬如农夫作耦④,以刈杀四方之蓬蒿⑤,以立名于荆⑥,此则大夫之力也。今大夫老,而又不自安恬逸,而处以念恶⑦,出则罪吾众⑧,挠乱百度⑨,以妖孽吴国⑩。今天降衷于吴⑪,齐师受服⑫。孤岂敢自多,先王之钟鼓,寔式灵之⑬。敢告于大夫。"

申胥释剑而对曰:"昔吾先王,世有辅弼之臣,以能遂疑计恶⑭,以不陷于大难。今王播弃黎老⑮,而孩童焉比谋⑯,曰:'余令而不违。'夫不违,乃违也。夫不违,亡

---

① 讯:据《考异》卷四根据《说文》、《太平御览》引《国语》,以为系"谇"字之误。谇(suì 岁),诘问,责问。 ② 先王:指吴王阖庐。 ③ 上帝:上天。 ④ 耦(ǒu 偶):两人各持一耜并肩耕种,用来比喻申胥辅佐阖庐。 ⑤ 蓬蒿:蓬草蒿草。泛指田间杂草。此处指吴国的敌对势力。 ⑥ 立名于荆:指吴在柏举打败楚国,迫使楚昭王奔随,名震诸侯。 ⑦ 处以念恶:闲居无事就想败坏吴国。处,在家,居住。 ⑧ 出则罪吾众:在外边就挑拨离间,煽动百姓作恶叛乱,说"吴民离矣"、"体有所倾"一类的话。罪,作恶,犯法,使动用法。 ⑨ 挠乱百度:扰乱各种法度。 ⑩ 妖孽:扰乱,危害。 ⑪ 今天降衷于吴:现在上天降福给吴。衷,福,善。 ⑫ 服:顺从。 ⑬ 式灵:显出神灵。式,用,显出。灵,神灵。 ⑭ 遂疑计恶:决断疑难,考虑险恶。遂,决断。计,计虑。 ⑮ 播弃:抛弃。黎老:耆老。黎,通"耆"。 ⑯ 而孩童焉比谋:接近一些年幼无知的人,滥定国策。焉,是。比,合。

之阶也。夫天之所弃，必骤近其小喜，而远其大忧。王若不得志于齐，而以觉寤王心，而吴国犹世①。吾先君得之也，必有以取之；其亡之也②，亦有以弃之。用能援持盈以没③，而骤救倾以时④。今王无以取之，而天禄亟至⑤，是吴命之短也。员不忍称疾辟易⑥，以见王之亲为越之擒也。员请先死。"遂自杀。将死，曰："以悬吾目于东门，以见越之入，吴国之亡也。"王愠曰："孤不使大夫得有见也。"乃使取申胥之尸，盛以鸱鴺⑦，而投之于江。

【翻译】

　　吴王夫差伐齐胜利回到吴国后，就责问申胥说："从前我们先王实行仁德，明达神圣，感动上天，就好比农夫耦耕田地一样，铲除四方杂草，因打败楚国名扬于天下，这是大夫您的功劳。现在大夫您已经老朽，还不自求安静逸乐，闲居没事总想败坏吴国，出外就谴责我的部下，干扰各种法度，来危害吴国。现在上天给吴国降下洪

---

　　① 吴国犹世：吴国还可继世图存，不致灭亡。世，世代延续。　② 亡：同"无"。　③ 用能援持盈以没：因而才能够保持住强盛的局面直到他去世。盈，满。极盛状态。没，终，去世。　④ 骤：迅速，及时。倾：覆。　⑤ 天禄亟至：上天所赐的福禄屡次到来。亟，屡次，一再。　⑥ 称疾辟易：称病不朝躲开不管。辟易，退避。　⑦ 鸱鴺（chī yí 痴夷）：皮革制的口袋。

福,齐国军队服从了我们。我哪敢夸耀这是自己的功劳,这实在是先王所留下的钟鼓和神灵显圣所致。现在我斗胆把这些告诉大夫。"

申胥解开了佩剑回答说:"从前我们先王世代都有辅佐的能臣,因而能够决断疑难、思虑险恶,不至于遭到严重的祸患。现在君王您抛弃老臣,却和年幼无知的人共同商定国策,还说:'我的命令不得违背。'不违背,其实就是违背,违背了天意和道理。不违背,就是走向灭亡的阶梯。上天对要灭掉的国家,一定要多给他眼前的小喜庆,却把他的大忧患放在后边。君王倘若伐齐不获大胜,还能使君王的心醒悟过来,吴国还能够继续存在下去。我们先君能够取得战胜楚国的胜利,必然有取得这种胜利的条件;如果没有取得成就的条件,他也就会主动放弃不去强求。因此能够保持丰盈的局面直到他去世,也就能够及时挽救倾覆。现在君王您没有取得成就的条件,可是上天赐给的福禄却一再降临,这是吴国短命的预兆。我伍员不忍心称病退避,眼看着君王成为越国的俘虏。我伍员要求先死。"于是便自刎了。临死时他说:"把我的眼睛挂在吴国的东门上,好看到越国攻打进来和吴国的灭亡。"夫差大怒,说:"我不叫你能够看到。"就派人把申胥的尸体用皮口袋装上,扔到长江里。

越 语 上

句 践 灭 吴

越王句践被吴打败以后,力图复仇雪耻,任用文种等有识之士。文种以杰出的外交才能为议和创造了条件。议和后越国取得了"十年生聚、十年教训"的喘息机会,为了取信于民、恢复国力,句践采取了一系列的改革措施,促进了人民生活的安定和国家的日渐繁荣。国人一再请战,越军连战大捷,最后坚决灭吴。这一史实表明了句践虽败不馁,奋发图强,执行正确的政策,取得人民的拥护,做到富国强兵;经过多年的准备,上下同仇敌忾,军队具有严明的纪律,因而才一举成功。而吴国却麻痹轻敌,君昏臣佞,忠直之士受到排斥,正是它灭亡的重要原因。这是历史上有名的严酷教训。

越王句践栖于会稽之上①,乃号令于三军曰:"凡我父兄昆弟及国子姓②,有能助寡人谋而退吴者,吾与之共知越国之政③。"大夫种进对曰:"臣闻之:贾人夏则资皮④,冬则资𫄨⑤,旱则资舟,水则资车,以待乏也。夫虽无四方之忧,然谋臣与爪牙之士⑥,不可不养而择也。譬如蓑笠,时雨既至,必求之。今君王既栖于会稽之上,然后乃求谋臣,无乃后乎⑦?"句践曰:"苟得闻子大夫之言,何后之有?"执其手而与之谋。

遂使之行成于吴。曰:"寡君句践乏无所使,使其下臣种,不敢彻声闻于天王,私于下执事曰:寡君之师徒不足以辱君矣,愿以金玉、子女赂君之辱⑧。请句践女女于

---

① 越王句践栖于会稽之上:越王句践被吴王夫差打败后带领残军五千人退守在会稽山上。事在公元前494年。栖,住在山上。会(kuài 快)稽,山名,在今浙江绍兴市东南。 ② 国子姓:国君的同姓。 ③ 知:主持,管理。 ④ 贾(gǔ 古)人:商人。资:蓄积,准备,这里指买进。 ⑤ 𫄨(chī 痴):细葛布,可做夏衣。 ⑥ 爪牙之士:勇猛的将士。 ⑦ 无乃后乎:恐怕太迟了吧。 ⑧ 赂君之辱:奉献财物酬谢君王曾经屈尊大驾光临越国讨伐。赂,送人财物而有所希求。

王①,大夫女女于夫,士女女于士。越国之宝器毕从,寡君帅越国之众,以从君之师徒,唯君左右之②。若以越国之罪为不可赦也,将焚宗庙③,系妻孥④,沈金玉于江⑤,有带甲五千人将以致死⑥,乃必有偶⑦。是以带甲万人事君也⑧,无乃即伤君王之所爱乎⑨?与其杀是人也,宁其得此国也,其孰利乎?"

夫差将欲听与之成,子胥谏曰:"不可。夫吴之与越也,仇雠敌战之国也⑩。三江环之⑪,民无所移⑫,有吴则无越,有越则无吴,将不可改于是矣。员闻之,陆人居陆,水人居水。夫上党之国⑬,我攻而胜之,吾不能居其

越语上

---

① 女女:第一个"女"是名词,女儿。第二个"女"(nǜ女去声)是动词,嫁女,这里指当婢妾。　② 唯君左右之:任凭君王调遣使用。　③ 焚宗庙:把宗庙烧掉,表示拼死抵抗。　④ 系妻孥:把妻子儿女捆缚拘囚起来,死生同命,不做吴国的俘虏。　⑤ 沈金玉于江:把越国所有的金玉宝物都沉没在江水里,使吴国得不到。　⑥ 致死:拼命。　⑦ 偶:对,加倍。指一个人顶两个人用。　⑧ 带甲万人事君:有一万士兵侍候您。实际说有一万士兵和夫差作战。　⑨ 无乃即伤君王之所爱乎:岂不是要伤害君王所心爱的吗?所爱,指吴国军队,因越国拼死作战,吴王军队一定会有伤亡。　⑩ 仇雠(qiú chóu 求酬):仇敌。　⑪ 三江:吴淞江、钱塘江、浦阳江。　⑫ 民无所移:三条江水把吴、越两国环抱在中间,两国百姓只能在这一环境内生活,无法外迁。　⑬ 上党之国:指中原齐、鲁、晋、郑等诸侯国。上,高。党,处所。

地,不能乘其车。夫越国,吾攻而胜之,吾能居其地,吾能乘其舟。此其利也,不可失也已,君必灭之;失此利也,虽悔之,必无及已。"

越人饰美女八人纳之太宰嚭①,曰:"子苟赦越国之罪,又有美于此者将进之。"太宰嚭谏曰:"嚭闻古之伐国者,服之而已。今已服矣,又何求焉?"夫差与之成而去之。

句践说于国人曰②:"寡人不知其力之不足也,而又与大国执雠③,以暴露百姓之骨于中原④,此则寡人之罪也。寡人请更⑤。"于是葬死者,问伤者,养生者,吊有忧,贺有喜,送往者,迎来者,去民之所恶,补民之不足。然后卑事夫差,宦士三百人于吴⑥,其身亲为夫差前马⑦。

句践之地,南至于句无⑧,北至于御儿⑨,东至于

---

① 太宰:官名。又称冢宰,吴国正卿。嚭(pǐ 痞):伯嚭,原为楚国大夫伯州犁的儿子,公元前541年伯州犁被楚灵王处死,伯嚭逃到吴国,成为吴的正卿。 ② 说:解释。 ③ 执雠:结仇。 ④ 中原:原野之中。 ⑤ 更:改正。 ⑥ 宦士:当仆隶的人。宦,宦竖,宫中小臣。 ⑦ 前马:在马前开道的人,后又作"先马"、"洗马"。 ⑧ 句(gōu 勾)无:地名,在今浙江诸暨南五十里勾乘山。 ⑨ 御儿:地名,在今浙江省桐乡西南。在越国北境,与吴国相邻。

鄞①,西至于姑蔑②,广运百里③。乃致其父母昆弟而誓之曰:"寡人闻古之贤君,四方之民归之,若水之归下也。今寡人不能,将帅二三子夫妇以蕃④。"令壮者无取老妇⑤,令老者无取壮妻。女子十七不嫁,其父母有罪;丈夫二十不娶,其父母有罪。将免者以告⑥,公令医守之。生丈夫⑦,二壶酒,一犬;生女子,二壶酒,一豚⑧。生三人⑨,公与之母⑩;生二人,公与之饩⑪。当室者死⑫,三年释其政⑬;支子死⑭,三月释其政。必哭泣葬埋之,如其子。令孤子、寡妇、疾疹、贫病者⑮,纳宦其子⑯。其达士⑰,絜其居⑱,美其服,饱其食,而摩厉之于义⑲。四方之士来者,必庙礼之⑳。句践载稻与脂于舟以行㉑,国之

---

① 鄞(yín 银):地名,即今浙江宁波市。 ② 姑蔑:地名,在今浙江衢州境。 ③ 广运:指土地面积的长和宽,东西宽叫广,南北长叫运。 ④ 蕃(fán 繁):繁殖人口。 ⑤ 取:通"娶"。 ⑥ 免:通"娩",生孩子。 ⑦ 丈夫:男孩。 ⑧ 豚(tún 屯):小猪。 ⑨ 生三人:一胎生三个子女。 ⑩ 母:乳母。 ⑪ 饩(xì 细):粮米。 ⑫ 当室者:当家的长子。 ⑬ 政:通"征",赋役。 ⑭ 支子:嫡长子以外的儿子。 ⑮ 疾疹:患疾病的人。疹,同"疢"(chèn 衬)。 ⑯ 纳宦:由官府养活教育。 ⑰ 达士:知名之士。 ⑱ 絜:洁。使动用法。 ⑲ 摩厉:切磋,探讨。 ⑳ 庙礼:在宗庙里接待,即报告先君,表示郑重。 ㉑ 脂:油类。

越语上

孺子之游者①,无不铺也②,无不歠也③,必问其名。非其身之所种则不食,非其夫人之所织则不衣,十年不收于国,民俱有三年之食。

国之父兄请曰:"昔者夫差耻吾君于诸侯之国,今越国亦节矣④,请报之。"句践辞曰:"昔者之战也,非二三子之罪也,寡人之罪也。如寡人者,安与知耻⑤?请姑无庸战⑥。"父兄又请曰:"越四封之内⑦,亲吾君也,犹父母也。子而思报父母之仇,臣而思报君之雠,其有敢不尽力者乎?请复战。"句践既许之,乃致其众而誓之曰:"寡人闻古之贤君,不患其众之不足也,而患其志行之少耻也⑧。今夫差衣水犀之甲者亿有三千⑨,不患其志行之少耻也,而患其众之不足也⑩。今寡人将助天灭之。吾不欲匹夫之勇也⑪,欲其旅进旅退也⑫。进则思赏,退则

---

① 孺子:青少年。游:游荡或无家可归。 ② 铺(bù 布):通"哺",给人吃。 ③ 歠(chuò 辍):给人喝。 ④ 节:有节度,已具规模。 ⑤ 安与知耻:哪儿懂得什么叫做受了耻辱呢? ⑥ 姑无庸战:先不用和吴国作战。 ⑦ 四封:四境。封,疆界。 ⑧ 少耻:缺乏知耻的精神。 ⑨ 衣:穿。水犀:犀牛的一种,皮厚坚硬可做甲。亿:十万。有:又。 ⑩ 患其众之不足:夫差只怕人数不够多,只重量,不重质。 ⑪ 匹夫之勇:个人逞强的勇敢。匹夫,普通人,一个人。 ⑫ 旅进旅退:同进同退,同生同死。旅,俱,一同。

思刑,如此则有常赏①;进不用命,退则无耻,如此则有常刑②。"果行③,国人皆劝,父勉其子,兄勉其弟,妇勉其夫,曰:"孰是君也④,而可无死乎?"是故败吴于囿⑤,又败之于没⑥,又郊败之⑦。

夫差行成,曰:"寡人之师徒,不足以辱君矣。请以金玉、子女赂君之辱。"句践对曰:"昔天以越予吴,而吴不受命;今天以吴予越,越可以无听天之命,而听君之令乎!吾请达王甬、句东⑧,吾与君为二君乎!"夫差对曰:"寡人礼先壹饭矣⑨。君若不忘周室,而为弊邑宸宇⑩,亦寡人之愿也。君若曰:'吾将残汝社稷,灭汝宗庙。'寡人请死,余何面目以视于天下乎?越君其次也⑪!"遂灭吴。

---

① 常赏:合于常规的赏赐。 ② 常刑:合于常规的刑罚。 ③ 果行:果决地这样做。 ④ 孰是君也:谁能像我们国君这样。言外之意是谁能像我们国君这样宽惠仁慈。孰,谁。是,这个。 ⑤ 囿:吴地名,又名笠泽,即今吴淞江。 ⑥ 没:吴地名,地址不详。 ⑦ 郊:吴国都城的近郊。 ⑧ 甬(yǒng永):甬江。句(gōu勾)东:越地名,即今浙江定海东北海中的舟山岛。 ⑨ 礼先壹饭:在礼节上对您有过一点小小恩惠了。壹饭,意思是说恩惠不大。是夫差的谦词,指过去曾赦免了越国。 ⑩ 宸宇:屋檐下。意为庇护。 ⑪ 次:长期进驻、占领。部队行军住一宿叫舍,住两宿叫信,超过两宿叫次。

【翻译】

　　越王句践被吴王夫差打败后退守在会稽山上，就对三军发出号令说："凡我父老兄弟和国内的同姓，有能帮助我出谋画策打败吴国的，我就和他共同掌管越国的大权。"大夫文种向前回答说："我听说，商人夏天就要准备皮货，冬天就要准备做夏衣的细葛布，天旱时就准备好船只，洪水泛滥时就准备好车辆，以等待物质缺乏时卖高价。即使没有四方被侵扰的忧患，但是能谋善断的文臣和勇猛善战的将士，不能不事先培养教育以供挑选录用。这就如同蓑衣和斗笠一样，雨季来临时，就要寻求使用了。现在君王已经退守到会稽山上，才想起来要寻找谋臣，恐怕太晚了吧！"句践说："如果能够听到大夫您的话，有什么晚呢？"就握住他的手和他商量对策。

　　于是越王就派文种到吴国求和，文种对吴王说："我们国君句践没有适当的人可供差遣，就派小臣文种前来，不敢直接对天王说话，私下里对您手下管事人说：我们国君的军队，不值得再屈尊君王您去讨伐了，愿意用金玉宝物和青年男女奉献给天王，酬谢您以前的屈驾光临。请允许句践的女儿作君王的婢妾，越国大夫的女儿作吴国大夫的婢妾，越国士的女儿作吴国士的婢妾。越国的财宝器物全部随着献上，我们国君亲自率领越国的将士，追随君王的军队，任凭君王调遣使用。假如认为越国的罪过是不可赦免的,那我们就要烧掉宗庙,捆缚妻子儿女,把金玉宝物都沉到江里,我们还有带甲的士兵五千人,将要决一死战,那就必然要一个顶两个,也就等于有一万士兵和您作战了,岂不是就要伤害君王所心爱的军队吗?与其由于作战杀死这些人,还不如得到这个国家,究竟怎样做更有利呢?"

夫差将要听文种的话和越国议和。伍子胥劝阻说:"不行。吴国与越国,从来就是互相仇视、敌对、交战的国家,三条江水环抱着两国,百姓没有地方迁徙,有吴国就不能有越国,有越国就不能有吴国,这种形势是没法改变的。我伍员听说,旱地上的人习惯住在旱地上,水乡的人习惯住在水乡。地势高的中原各国,我们进攻他们取得胜利,我们也不能住在他们的土地上,不能乘坐他们的车子。但是越国,我们攻打并且战胜他们,我们能住在越国土地上,我们能够乘坐他们的船只。这是我们攻取越国的好处,不应该丢掉这个机会,君王一定要灭掉越国。失去这一有利时机,即使后悔,也必然来不及了。"

越国打扮了八名美女送给太宰伯嚭,说:"您倘若宽恕越国的罪过,还有比这些更美的进献给您。"太宰嚭劝吴王说:"我伯嚭听说古代征伐别国的人,使那个国家归顺就行了。现在越国已经服从了,还要求什么呢?"夫差听信伯嚭的话便和文种议和撤出了越国。

句践对都城里的百姓解释说："我过去不知道自己力量不足,又跟大国结下仇恨,使百姓们的尸骨暴露在荒野之中,这是我犯下的罪过。我请求改正。"于是埋葬了战死的人,慰问受伤的人,供养活着的人,吊祭有丧事的人,庆贺有喜事的人,送走离开越国的人,迎接来到越国的人,去掉人民厌恶的事情,补助人民所缺少的东西。然后谦卑地事奉夫差,派三百个人到吴宫中服劳役,句践本人亲自当吴王夫差车驾的前导。

句践的国土,南边到句无,北边到御儿,东边到鄞,西边到姑蔑,长宽仅有百里方圆。于是他召集父老兄弟发誓说:"我听说古代贤明的君主,四方的人民归顺他,就像水往低处流一样。现在我虽还做不到,但让我带领你们夫妇们繁殖生息吧。"下命令规定壮年男人不许娶老妇,老年男人不许娶青年妻子。女子十七不出嫁,她的父母有罪;男子二十不娶妻,他的父母有罪。妇女临近分娩时要向官府报告,官府派医生去护理她生产。生男孩子,官府给两壶酒,一条狗;生女孩子,给两壶酒,一头小猪。一胎生三个孩子的,官家拨给奶妈;一胎生两个孩子的,官家给粮食。当家的长子死了,免除他们家三年赋役;长子以外的儿子死了,免除他们家三个月的赋役。一定要哭泣埋葬他们,像对自己的儿子一样。规定孤儿、寡妇、患病的人、贫困的人,可以把子弟送入官府,由国家养育。对国内知名人士,让他们住整洁的房屋,穿华美的衣服,吃丰盛的食品,和他们共同研讨事物的正当道理。对从各地来投奔越国的人,一定在宗庙里以隆重的礼节接见他们。句践在船上装着大米和油脂到各地巡行,遇到在外游荡的青少年,没有不供给他们吃、供给他们喝的,还一定要询问他们的姓名以备选拔录用。句践除非自己种的粮食就不吃,不是用他夫人织的布做的衣服就不穿,十年之间没向百姓征收赋税,百姓们都储存有三年的口粮。

　　越国的父兄请求句践说:"从前夫差在各国诸侯面前羞辱了我们的国君,现在越国已得到了恢复发展,请求对吴国报仇雪恨。"句践推辞说:"从前被吴国打败,不是你们大家的罪过,是我的罪过。像我这样的人,哪里懂得耻辱呢?请暂时不要打仗。"父兄再一次请求说:"越国境内的百姓,爱我们国君,就如同爱自己的父母一样。当儿子的想报爹娘的仇,当臣子的想报国君的仇,有敢不竭尽全力的吗?我们要求再和吴国作战。"句践答应了父兄的请求,就召集大家宣布了要求:"我听说古代贤明的君主,不忧虑他的军队少,却忧虑他的士兵缺乏知耻的精神。现在吴王夫差有穿犀牛甲的士兵十万三千人,他不忧虑他的士兵思想行为不知羞耻,却忧虑士兵的数量还不够。现在我就要协助上天灭掉吴国。我不喜欢个人逞能的匹夫之勇,希望大家一同前进,一同后退,同生同死。前进时想到立功受赏,后退时想到会受惩罚,这样就有了合于常规的赏赐;向前进军不服从号令,后退时不知耻辱,这样就有了合于常规的刑罚。"句践决定了作战之后,全越国人都相勉励,父亲勉励他的儿子,哥哥勉励他的弟弟,妻子勉励她的丈夫,说:"谁像我们的国君这样好啊!还可以不为他去牺牲吗?"因此在囿地打败了吴军,又在没地打败了吴军,还在吴国都城近郊打败了吴军。

夫差派人向句践求和,说:"我的军队,已经不值得屈辱君王亲自来征讨了。请允许用金玉子女来酬谢您屈驾光临敝国。"句践回答说:"过去上天把越国赐给吴国,但吴国不接受;现在上天把吴国赐给越国,越国能够不听从上天的命令而去听从您的命令吗?我请求把您送到甬、句东一带的地方去,我和您仍然是两国的国君!"夫差回答说:"我在礼节上曾对您有一点小小的恩惠,吴是周的同姓,君王如果没有忘掉周天子的情分而作吴的保护国,这也就是我的愿望。君王假如说:'我要灭掉你的国家,毁坏你的宗庙。'我就请求死去,我还有什么面目去见天下人呢?请越君长期到吴国进驻吧!"越国于是灭掉了吴国。

越 语 下

范蠡佐越灭吴

本篇在校点本上分为八章,但从内容上看原是一篇,叙写范蠡帮助越王句践灭吴的事迹。尽管在内容上和《吴语》"句践灭吴夫差自杀"、《越语上》"句践灭吴",有些重复,但是却有它本身的特点。第一是较前两篇既系统而又完整,从句践即位三年进攻吴国被打败,退守在会稽山上写起,直到灭吴为止,具有较高的史料价值。第二是和以前各篇宣扬儒家思想不同,写出范蠡是以道家思想作指导的政治家和军事家。他为句践谋划复兴国家之道,表现了他的政治远见,他主张顺应自然,掌握规律,发展生产,繁殖人口,终于使越国逐渐繁荣昌盛起来。

句践报仇心切,急于伐吴,范蠡四次劝他耐心等待,以麻痹敌人,伺机而动。越兴兵伐吴后,范蠡又讲究战略战术,主张坚守阵地,消耗敌人实力,以逸待劳。他用阴阳学说阐明敌我力量的消长变化以及如何使自己由弱转强、由被动变为主动,掌握各种条件,看准时机一举消灭敌人。他的用兵之道表现了朴素的辩证法思想。吴国战败求和,范蠡接受教训,拒不言和,终于消灭吴国,未留后患。在范蠡身上所体现的道家思想并不是消极出世、单纯无为的思想,而是根据自然规律和形势变化采取积极的措施。最后写出范蠡和一般功臣不同的结局,他不受句践的威胁利诱,飘然而去,实现了"功成名就身退,天之道"的道家理想。从别的史书上还可看到他离开官场后三次经商致富,表明了他又是一个杰出的经济学家。

越王句践即位三年而欲伐吴①,范蠡进谏曰②:"夫国家之事,有持盈③,有定倾④,有节事⑤。"王曰:"为三者,奈何?"对曰:"持盈者与天⑥,定倾者与人⑦,节事者与地⑧。王不问,蠡不敢言。天道盈而不溢⑨,盛而不骄⑩,劳而不矜其功⑪。夫圣人随时以行⑫,是谓守时。天时不作⑬,弗为人客⑭;人事不起⑮,弗为之始⑯。今君王未盈而溢,未盛而骄,不劳而矜其功,天时不作而先为

① 句践即位三年:为公元前494年。 ② 范蠡(lí 离):字少伯,越国大夫,辅佐越王句践刻苦图强,最后灭亡吴国。灭吴后离开句践,浮海入齐,更名鸱夷子皮,经商致富。居陶,自号陶朱公。 ③ 持盈:保持昌盛富强。 ④ 定倾:转危为安。 ⑤ 节事:节制行事。 ⑥ 与天:效法天道的盈而不溢、盛而不骄。 ⑦ 与人:效法人道,指在扶危救乱时卑辞厚礼尊敬对方。 ⑧ 与地:效法大地,指学习大地生长万物那样顺时而作。 ⑨ 天道盈而不溢:天的规律是充盈而不过度。以四时而言,夏季是盈满的象征;以月亮而言,月圆是盈满的象征。但炎夏以后是秋凉,月圆以后就逐渐亏缺,因此说"盈而不溢"。 ⑩ 盛而不骄:大气充塞宇宙,无所不在,万物赖以生存;但天绝对不因此骄傲。盛,指元气而言:"元气"即大气。 ⑪ 劳而不矜其功:日月四时,运行不已,虽然勤劳,但并不夸耀自己的功劳。 ⑫ 圣人随时以行:帝王要随着天时而行动。 ⑬ 天时不作:没有发生自然灾害。作,兴起。 ⑭ 客:出兵攻伐别国,即是居客位。 ⑮ 人事:指国家发生意外事变。 ⑯ 始:指首先挑起事端。

人客,人事不起而创为之始,此逆于天而不和于人。王若行之,将妨于国家①,靡王躬身②。"王弗听。

范蠡进谏曰:"夫勇者,逆德也③;兵者,凶器也;争者,事之末也④。阴谋逆德⑤,好用凶器,始于人者,人之所卒也⑥。淫佚之事⑦,上帝之禁也,先行此者,不利。"王曰:"无!是贰言也⑧,吾已断之矣!"果兴师而伐吴,战于五湖⑨,不胜,栖于会稽。

王召范蠡而问焉,曰:"吾不用子之言,以至于此,为之奈何?"范蠡对曰:"君王其忘之乎?持盈者与天,定倾者与人,节事者与地。"王曰:"与人奈何?"对曰:"卑辞尊礼,玩好女乐⑩,尊之以名⑪。如此不已,又身与之市⑫。"王曰:"诺。"乃令大夫种行成于吴,曰:"请士女女于士,

---

① 妨:害。 ② 靡王躬身:危害君主的人身安全。靡,危害。 ③ 逆德:反常行为。 ④ 事之末:人事中最后的一种手段。 ⑤ 阴谋:指暗中策划战争。 ⑥ 人之所卒:别人也终会对你不利。卒,终。 ⑦ 淫佚之事:指越出常轨的行动。淫佚,过分。 ⑧ 无!是贰言也:旧说以"无是贰言也"作一句读,不确;据俞樾说改作二句。无,等于"不要说啦"。贰言,惑乱视听的言语,异议。 ⑨ 五湖:指菱湖、游湖、莫湖、贡湖、胥湖,实即泛指太湖流域一带所有的湖泊。 ⑩ 玩好:古玩珍宝。女乐:指歌舞伎。 ⑪ 名:美好的名义,指尊称夫差为"天王"。 ⑫ 身与之市:把自己的身体也赔给他,指句践亲身去侍奉夫差。市,原指出卖货物。

大夫女女于大夫,随之以国家之重器①。"吴人不许。大夫种来而复往,曰:"请委管籥②,属国家③,以身随之。君王制之④。"吴人许诺。王曰:"蠡为我守于国。"对曰:"四封之内,百姓之事,蠡不如种也。四封之外,敌国之制⑤,立断之事,种亦不如蠡也。"王曰:"诺。"令大夫种守于国,与范蠡入宦于吴。

三年⑥,而吴人遣之归。及至于国,王问于范蠡曰:"节事奈何?"对曰:"节事者与地。唯地能包万物以为一⑦,其事不失⑧。生万物,容畜禽兽⑨,然后受其名而兼其利⑩。美恶皆成,以养其生。时不至,不可强生;事不究⑪,不可强成。自若以处⑫,以度天下,待其来者而正之⑬,因时之所宜而定之。同男女之功⑭,除民之害,以

---

① 重器:用来象征国家政权的宝器。 ② 委管籥:把越国国库的钥匙都交给吴王。委,交出。 ③ 属国家:把整个国家也交给吴王。 ④ 制:主宰,控制。 ⑤ 敌国之制:抵制敌人的办法。 ⑥ 三年:指在吴三年,即公元前491年。 ⑦ 包万物以为一:包容万物成为一个整体,没有任何遗漏。 ⑧ 不失:不失季节。 ⑨ 畜:同"蓄",养。 ⑩ 受其名而兼其利:地担受了载物之名,同时也兼得了万物之利。 ⑪ 究:终极。 ⑫ 自若:不妄动。若,如。 ⑬ 待其来者而正之:等到机会到来的时候,就把不利于己的局面扭转过来。 ⑭ 男女之功:指男耕女织。

避天殃。田野开辟，府仓实①，民众殷②。无旷其众③，以为乱梯④。时将有反⑤，事将有间⑥，必有以知天地之恒制⑦，乃可以有天下之成利。事无间，时无反，则抚民保教以须之⑧。"

王曰："不穀之国家，蠡之国家也，蠡其图之！"对曰："四封之内，百姓之事，时节三乐⑨，不乱民功，不逆天时，五谷睦熟⑩，民乃蕃滋，君臣上下，交得其志⑪，蠡不如种也。四封之外，敌国之制，立断之事，因阴阳之恒⑫，顺天地之常，柔而不屈⑬，强而不刚，德虐之行⑭，因以为常；

---

① 府：储藏财货的仓库。仓：储藏五谷的仓廪。 ② 殷：盛，富厚。 ③ 旷：空，浪费。 ④ 乱梯：祸乱的因由。 ⑤ 时将有反：天时是循环的，越国命运将好转。反，同"返"，还。 ⑥ 事将有间：人事是有隙可乘的。间（jiàn 建），间隙。 ⑦ 恒制：常度，必然规律。 ⑧ 须：等待。 ⑨ 三乐：指春、夏、秋三季勉励百姓乐业。 ⑩ 五谷睦熟：五谷得时气之和而顺利成熟。睦，和。 ⑪ 交得其志：彼此都感到满意。 ⑫ 因阴阳之恒：根据阳刚阴柔的一定的自然规律。恒，常理。 ⑬ 柔而不屈：表面上柔顺，骨子里却不屈服。 ⑭ 德虐之行：使人生存的善的行为和使人死亡的酷虐行为。

死生因天地之刑①,天因人②,圣人因天③;人自生之④,天地形之,圣人因而成之。是故战胜而不报,取地而不反,兵胜于外,福生于内⑤,用力甚少,而名声章明,种亦不如蠡也。"王曰:"诺。"令大夫种为之⑥。

四年⑦,王召范蠡而问焉,曰:"先人就世⑧,不穀即位。吾年既少,未有恒常⑨。出则禽荒⑩,入则酒荒⑪。吾百姓之不图,唯舟与车⑫。上天降祸于越,委制于吴⑬。吴人之那不穀⑭,亦又甚焉。吾欲与子谋之,其可乎?"对曰:"未可也。蠡闻之:上帝不考⑮,时反是守⑯,

越语下

---

① 死生因天地之刑:人类执行生杀之事,都以天地所表现的自然规律为依据。刑,同"形",征兆。下文"天地形之","天地未形"同此。 ② 天因人:上天依据人的善恶降以祸福。 ③ 圣人因天:圣人依据天所指示的道理去办事。 ④ 人自生之:人类的吉凶善恶是自然发生的。 ⑤ 福生于内:给自己国家内部带来了幸福。 ⑥ 为之:指治理国家的内政。 ⑦ 四年:句践从吴回越的后一年,即承上"三年,而吴遣之归"而言,为公元前490年。 ⑧ 先人:指句践父亲允常。就世:终于人世,死亡。 ⑨ 恒常:没有恒心,没有常性。 ⑩ 禽荒:沉迷在田猎中。荒,迷乱,享乐过度。 ⑪ 酒荒:饮酒过度。 ⑫ 唯舟与车:只想着乘船乘车,出去嬉游。 ⑬ 委制于吴:受吴国的统治。 ⑭ 那:于。 ⑮ 上帝不考:上帝不机巧。据王念孙说"考当读为巧",古字"考"与"巧"通。 ⑯ 时反是守:只有等待时机的变化。守,等待。

强索者不祥①。得时不成②,反受其殃。失德灭名③,流走死亡。有夺④,有予⑤,有不予⑥,王无蚤图⑦!夫吴,君王之吴也,王若蚤图之,其事又将未可知也。"王曰:"诺。"

又一年,王召范蠡而问焉,曰:"吾与子谋吴,子曰:'未可也。'今吴王淫于乐而忘其百姓⑧,乱民功,逆天时;信谗喜优,憎辅远弼⑨,圣人不出⑩,忠臣解骨⑪;皆曲相御⑫,莫适相非⑬,上下相偷⑭。其可乎?"对曰:"人事至矣,天应未也⑮。王姑待之。"王曰:"诺。"

又一年,王召范蠡而问焉,曰"吾与子谋吴,子曰:'未可也。'今申胥骤谏其王,王怒而杀之。其可乎?"对

---

① 强索者不祥:时机未到,勉强求成功,是对自己不利的。 ② 得时不成:既得天时,而不抓紧时间把事情办成。 ③ 失德灭名:失去好品德,丢掉好名声。 ④ 夺:指一个国家起初很强大,后被他国征服消灭。 ⑤ 予:指上天授予一个国家以好的命运,使之日益富强。 ⑥ 不予:指一个国家被上天所弃,注定要灭亡。 ⑦ 蚤:通"早"。 ⑧ 淫于乐:尽情享受声色。乐,指声色。 ⑨ 辅:辅佐国君执政的大臣,又称左辅。弼:匡谏国君过失的大臣,又称右弼。 ⑩ 圣人:智者,通晓事理的人。不出:隐遁不仕。 ⑪ 解(xiè 谢)骨:解体。 ⑫ 皆曲相御:都曲意迎合。御,逢迎。 ⑬ 莫适相非:没有坚持己见的人敢对吴王的行为加以否定。适(dí 狄),专主,指主张正义,坚持己见。 ⑭ 偷:苟且偷安。 ⑮ 天应:上天的感应。

曰:"逆节萌生①,天地未形,而先为之征②,其事是以不成,杂受其刑③。王姑待之。"王曰:"诺。"

又一年,王召范蠡而问焉,曰:"吾与子谋吴,子曰:'未可也。'今其稻蟹不遗种④。其可乎?"对曰:"天应至矣,人事未尽也。王姑待之?"王怒曰:"道固然乎⑤?妄其欺不穀邪?吾与子言人事,子应我以天时;今天应至矣,子应我以人事。何也?"范蠡对曰:"王姑勿怪。夫人事必将与天地相参⑥,然后乃可以成功。今其祸新民恐⑦,其君臣上下,皆知其资财之不足以支长久也,彼将同其力,致其死⑧,犹尚殆⑨。王其且驰骋弋猎⑩,无至禽荒;宫中之乐,无至酒荒;肆与大夫觞饮,无忘国常⑪。彼其上将薄其德⑫,民将尽其力,又使之望而不得食⑬,乃可以致天地之殛⑭。王姑待之。"

---

① 逆节萌生:暴逆的措施开始发生。 ② 先为之征:此时就先下手伐吴。 ③ 杂:通"匝",周而复始,反而。 刑:害。 ④ 稻蟹:螃蟹吃稻谷。 种:种子。 ⑤ 道固然乎:按道理本来应该这样再三等待吗? ⑥ 与天地相参:指天、地、人三者相合,缺一不可。 参,三。 ⑦ 祸新:蟹食稻造成饥荒是新的灾祸。 ⑧ 致其死:拼死支撑这个局面。 ⑨ 犹尚殆:目前去伐吴,还是有危险的。 ⑩ 驰骋:放开马快跑。 弋猎:射猎。 ⑪ 国常:国家正常的政事。 ⑫ 彼其上将薄其德:吴国在上之人看到句践不理国政无伐吴之心,将越发不修德行而放纵胡为。 ⑬ 望:怨望。 ⑭ 殛:诛,严惩。

至于玄月①,王召范蠡而问焉,曰:"谚有之曰:'觥饭不及壶飧②。'今岁晚矣,子将奈何?"对曰:"微君王之言,臣故将谒之。臣闻从时者,犹救火、追亡人也,蹶而趋之③,唯恐弗及。"王曰:"诺。"遂兴师伐吴,至于五湖。

　　吴人闻之,出而挑战,一日五反④。王弗忍,欲许之。范蠡进谏曰:"夫谋之廊庙⑤,失之中原,其可乎?王姑勿许也。臣闻之,得时无怠,时不再来,天予不取,反为之灾。嬴缩转化⑥,后将悔之。天节固然⑦,唯谋不迁。"王曰:"诺。"弗许。

　　范蠡曰:"臣闻古之善用兵者,嬴缩以为常⑧,四时以

---

① 玄月:九月。指句践从吴回国后的第四年(即公元前487年)的九月。　② 觥(gōng 公)饭:丰盛的肴馔。壶飧:一壶水泡饭,喻指少量食物。　③ 蹶(guì 贵):急行的样子。　④ 一日五反:挑战的人一天往返五次。　⑤ 廊庙:朝堂,是古代帝王和大臣议政的地方。廊,宫殿四周的廊。庙,太庙。　⑥ 嬴缩:进退。转化:变动。　⑦ 天节:天的时期。因五年再闰,所以五年一反复。节,时期。　⑧ 嬴缩以为常:依据金星的方位做为用兵的常法。嬴缩,在此专指金星出没的方向。古代天文家认为金星是主兵象的,金星早出为嬴,晚出为缩;与太阳的方向一致为嬴,相反为缩。

为纪①,无过天极②,究数而止③。天道皇皇④,日月以为常⑤,明者以为法⑥,微者则是行⑦。阳至而阴⑧,阴至而阳;日困而还⑨,月盈而匡⑩。古之善用兵者,因天地之常,与之俱行。后则用阴⑪,先则用阳⑫;近者用柔,远则用刚。后无阴蔽⑬,先无阳察⑭,用人无艺⑮。往从其所。刚强以御,阳节不尽⑯,不死其野。彼来从我,固守勿与⑰。若将与之,必因天地之灾,又观其民之饥饱劳逸以

---

① 四时以为纪:以四时的运行做为用兵的规律。 ② 无过天极:用兵之道,不可违反天的准则。 ③ 究数而止:用兵之道,到达一定程度就要适可而止。究数,数到尽头。究,穷尽。 ④ 皇皇:光明的样子。 ⑤ 日月以为常:以日月出没为用兵的根据。 ⑥ 明者以为法:日月盛满时的光明可以取法,即可以进取。明,日月盛满。 ⑦ 微者则是行:日月亏损剥蚀就是示人以隐遁之象,也要依此而行。微,日月亏损剥蚀。 ⑧ 阳:代表主动、刚强、积极、进取、占人上风等意义。至:极,达到极点。阴:代表被动、消极、退让、避人气焰等意义。 ⑨ 日困而还:太阳走到天尽头,第二天又出。困,尽。 ⑩ 匡:亏损。 ⑪ 后则用阴:占下风、居于被动地位的就要用沉着、柔顺、谦退之术。 ⑫ 先则用阳:占上风,居于主动地位的就要用迅疾、强硬、激进之术。 ⑬ 后无阴蔽:居被动地位的也不要过于退缩不前。 ⑭ 先无阳察:占上风的也不宜过于显露,以致被对方窥破虚实。 ⑮ 用人无艺:用兵没有一成不变的定法。人,众,指兵士。无艺:无常。 ⑯ 阳节不尽:敌人猛烈的力量尚未用尽。阳节,刚强的气势。 ⑰ 固守勿与:坚守阵地,不与敌人交战。

参之。尽其阳节、盈吾阴节而夺之①。宜为人客②,刚强而力疾;阳节不尽,轻而不可取。宜为人主③,安徐而重固;阴节不尽,柔而不可迫。凡陈之道,设右以为牝④,益左以为牡⑤。蚤晏无失,必顺天道,周旋无究⑥。今其来也,刚强而力疾,王姑待之。"王曰:"诺。"弗与战。

居军三年,吴师自溃。吴王帅其贤良⑦,与其重禄⑧,以上姑苏⑨。使王孙雒行成于越⑩,曰:"昔者上天降祸于吴,得罪于会稽。今君王其图不穀,不穀请复会稽之和。"王弗忍,欲许之。范蠡进谏曰:"臣闻之,圣人之功,时为之庸⑪。得时不成,天有还形⑫。天节不远,五年复反,小凶则近⑬,大凶则远⑭。先人有言曰:'伐柯

---

① 尽:消耗。盈:积蓄。夺:攻打。 ② 为人客:指采取攻势的一方。 ③ 为人主:指采取守势的一方。 ④ 牝:阴为牝,相传为八种阵法之一,设在右边。 ⑤ 牡:阳为牡,相传为八种阵法之一,设在左边。 ⑥ 周旋无究:用兵之道,谨严周密,循环无穷,无懈可击。周旋,循环;究,穷。 ⑦ 贤良:吴王左右亲近之士。 ⑧ 重禄:高官厚禄的大臣。一说,宝璧。 ⑨ 姑苏:台名,吴王夫差登此台以避越军。 ⑩ 王孙雒(luò洛):吴国大夫。 ⑪ 时为之庸:善于利用时机。庸,同"用"。 ⑫ 天有还形:上天必反而降灾惩罚。还,反。形,通"刑"。"得时弗成,天有还形"与上文"得时不成,反受其殃"相同。 ⑬ 小凶则近:危败出现得快,所遭之祸尚小。小凶,小祸,危败。近,不到五年。 ⑭ 大凶则远:灭亡出现得慢,所遭之祸愈大。大凶,大祸,灭亡。远,指十年或二十年。

者其则不远①。'今君王不断,其忘会稽之事乎?"王曰:"诺。"不许。

使者往而复来,辞愈卑,礼愈尊,王又欲许之。范蠡谏曰:"孰使我蚤朝而晏罢者②,非吴乎?与我争三江、五湖之利者,非吴耶?夫十年谋之,一朝而弃之,其可乎?王姑勿许,其事将易冀已③。"王曰:"吾欲勿许,而难对其使者,子其对之。"范蠡乃左提鼓,右援枹,以应使者,曰:"昔者上天降祸于越,委制于吴,而吴不受;今将反此义以报此祸④,吾王敢无听天之命,而听君王之命乎?"王孙雒曰:"子范子!先人有言曰:'无助天为虐,助天为虐者不祥。'今吴稻蟹不遗种,子将助天为虐,不忌其不祥乎?"范蠡曰:"王孙子!昔吾先君,固周室之不成子也⑤,

---

① 伐柯者其则不远:出于《诗经·豳风·伐柯》:"伐柯伐柯,其则不远。"柯,斧柄。则,样子。意指吴过去不曾灭越,如今才有此败;现在决不能容许议和,免得它将来再灭越。 ② 蚤朝而晏罢:指越王因图谋复仇而勤于国事,每天很早就到朝廷上听政,到很晚才罢朝。 ③ 冀:希望能实现。已:通"矣"。 ④ 反此义:一反此道。 ⑤ 不成子:不够资格的子爵,意为越是蛮夷小国,不够资格列于周之诸侯国。

故滨于东海之陂①,鼋鼍鱼鳖之与处②,而蛙黾之与同渚③。余虽靦然而人面哉④,吾犹禽兽也,又安知是諓諓者乎⑤?"王孙雒曰:"子范子将助天为虐,助天为虐不祥。雒请反辞于王⑥。"范蠡曰:"君王已委制于执事之人矣⑦。子往矣,无使执事之人得罪于子!"使者辞反⑧。

范蠡不报于王,击鼓兴师以随使者,至于姑苏之宫,不伤越民,遂灭吴。

反至五湖,范蠡辞于王曰:"君王勉之,臣不复入越国矣。"王曰:"不穀疑子之所谓者何也?"对曰:"臣闻之:为人臣者,君忧臣劳,君辱臣死。昔者君王辱于会稽,臣所以不死者,为此事也。今事已济矣,蠡请从会稽之罚⑨。"王曰:"所不掩子之恶扬子之美者⑩,使其身无终没于越国⑪! 子听吾言,与子分国。不听吾言,身死,妻

---

① 滨:靠近。陂(bēi卑):边际,旁边。 ② 鼋(yuán元):大鳖,俗称癞头鼋。鼍(tuó驼):扬子鳄,俗称猪婆龙。鳖(biē憋):甲鱼,团鱼。 ③ 蛙:青蛙。黾(měng猛):金线蛙。渚(zhǔ主):水中的小块陆地。 ④ 靦(tiǎn舔)然:惭愧的样子。 ⑤ 諓諓(jiàn jiàn建建):巧言善辩。 ⑥ 反辞于王:回禀越王。 ⑦ 委制于执事之人:授权给负责办事的人。"执事之人"即范蠡自称。 ⑧ 使者辞反:使者回吴复命。 ⑨ 从会稽之罚:前次君臣辱于会稽,君辱臣当死,现在接受应得的惩罚。 ⑩ 所:若。掩:藏。 ⑪ 无终没于越国:最终不能死在越国,意为将死在异域。以上两句是越王赌誓的话。

子为戮。"范蠡对曰:"臣闻命矣。君行制①,臣行意②。"遂乘轻舟以浮于五湖,莫知其所终极③。

王命工以良金写范蠡之状而朝礼之④,浃日而令大夫朝之⑤,环会稽三百里者以为范蠡地,曰:"后世子孙,有敢侵蠡之地者,使无终没于越国,皇天后土、四乡地主正之⑥。"

【翻译】

越王句践当国君的第三年就想进攻吴国,范蠡进见劝阻他说:"治理国家有三种不同的情况:国势昌盛时应考虑如何长期保持;遇到倾覆的威胁时应考虑如何转危为安;还要采取适当的有节制的政治措施,做到有条不紊。"句践说:"怎么去做这三件事?"范蠡回答说:"保持昌盈,就要效法上天;扶危定倾,就要谦卑自处,效法人道;措施有节制,就要效法大地。君王假如不问,我是不敢说的。天道盈满但不过分;大气充塞宇宙,使万物生存,但天并不骄傲;日月四时,运行不已,极为勤劳,却并

---

① 制:旧解作"法",疑应作"专断"、"独裁"讲。 ② 意:意志,志向。 ③ 终极:下落。 ④ 良金:好金属,疑为铜。写范蠡状:摹仿范蠡的形状而铸成像。 ⑤ 浃日:从甲日到甲日叫"浃日",即每隔十天。浃(jié节),周匝。 ⑥ 皇天后土:天地。四乡地主:四方的土地之神。正:听,指听清誓言。

不夸耀自己的功勋。帝王根据天时行动,叫做守时。上天没有对敌国降下灾殃,就不要进攻敌国;敌国百姓没有发生内乱,也不要首先挑起争端。现在越国国力还没有殷实富强,君王就有了过分的野心;还没有兴盛就骄傲起来;并不勤劳就夸耀自己的功勋。吴国没有天灾,您就要进攻人家;吴国百姓还没有发生内乱,您就要挑衅去讨伐人家,这既违背天意,又不顺乎人情。君王假如去进攻吴国,不仅危害君王的自身安全,而且对国家有妨害。"句践不采纳范蠡的意见。

范蠡再一次进见句践并劝阻他说:"勇于攻战,夺取别国土地,是一种反常背德的行为;战争,是人事中最后的一种手段,是下策。首先暗中策划、违反德行、喜欢动用武力挑起战争的人,他最后也一定会被人打垮;做越轨过分的事,是上天所禁止的。先干这种事的人不会得到好处。"越王说:"不要说啦!你这是惑乱视听的言论。我已经下决心了!"句践断然起兵伐吴,和吴国在五湖交战,被吴军打败,退守在会稽山上。

越王召见范蠡,问他说:"我没有听从你的劝告,才到了这种地步,这可怎么办呢?"范蠡回答说:"君王您忘记了吗?保持昌盛要效法上天,扶危定倾要谦卑自处、尊重别人,措施有节制要效法大地。"越王问道:"怎样尊重别人呢?"范蠡回答说:"要用谦卑的言辞、恭敬的礼节向吴王道歉,还送去珍宝和歌舞伎,尊称吴王为天王。这样做,吴王还不肯罢休,你就把自己也赔给他,去给他服役吧!"越王说:"就这样做吧!"于是派大夫文种到越国去求和,说:"我们请求把越国士的女儿给吴国的士做婢妾,把越国大夫的女儿给吴国的大夫做婢妾,接着就把越国的宝器敬献给吴国。"吴国不答应讲和。大夫文种回到越国复命,再去吴国说:"我们愿意把越国国库的钥匙和整个国家都交给天王,越王也随后就来侍候您,一切都由天王您主宰和控制。"吴国人这才答应讲和。越王说:"范蠡留下替我守卫国家。"范蠡回答说:"在国内治理百姓的事情,我不如文种。在国外对付敌国,当机立断,文种就不如我。"越王说:"同意你的说法。"就叫大夫文种守卫国家,自己和范蠡一起到吴国去当奴仆。

　　句践在吴国住了三年后,吴国把他放回越国。刚进入国境,越王就问范蠡说:"怎样才能做到措施有节制?"范蠡回答说:"措施有节制就是要效法大地。只有大地能包容万物成为一个整体,养育万物不失时机。它生长万物、畜养飞禽走兽,享有载物的美名,同时也兼得万物之利。万物不论美恶,大地都一视同仁,让它成长,而人类则依赖它们养生。季节不到,万物不能勉强生长;人事没到最终的转折点,也不能勉强完成。顺乎自然地处于当世,对天下事有适当的推测估计,等待机会到来时就把不利于自己的局面扭转过来,根据对自己最适宜的情况把已扭转的局面予以巩固。君王还要亲身参加男人农耕和妇女的纺织劳动,解除危害百姓的法令,用来防备上天降下灾殃。要开垦田野,使财货和粮食装满仓库,使人民生活逐渐富裕起来。不要使人民群众浪费时间,无事可干,那样人民会产生怨恨情绪,成为导致叛乱的阶梯。天时是循环的,越国的命运必将有好转的机会;人事是有隙可乘的,吴国本身必将有招致灭亡的空隙。能掌握天地的必然规律,才能享受天下有利的成果。假如人事没有可乘之机,天时也没有转变,就要抚恤人民,保护他们,教育他们,以等待时机的到来。"

越王说:"我的国家就是范蠡的国家,范蠡应该治理它!"范蠡回答说:"在国境以内治理百姓,在春、夏、秋三个农忙的季节里使百姓安居乐业,不扰乱他们的生产劳动,不耽误天时,使五谷按季节成长收获,使人口得到繁殖,让君民上下彼此都感到满意,这方面我不如文种。在国境以外对付敌人,当机立断,根据阳刚阴柔的自然规律,对强国表面虽然柔顺,内心却不屈服;骨子里虽然强硬,但表面上却不粗暴。不论使人生存的善的行为,还是使人死亡的酷虐行为,都以天地为常法。人类执行生杀的大事,都以天地所表现的自然规律为依据。上天是依据人的善恶而降以祸福的,圣人依据上天指示的道理去办事；人类的吉凶善恶是自然发生的，其征兆由天地的自然规律体现出来，圣人依据天地所表现的自然规律去行事，也就可以掌握人事的发展规律获得成功。掌握了人事的发展规律，对敌作战，自然能获得胜利，因此战胜敌人之后，敌人就再也没有报复的机会；把敌人的土地夺取过来，它就再也没有收复的可能了。军队在国外打胜仗，就给自己国内带来了福气。花费的力量不大，但是名声显赫，传扬四方。在这方面文种却不如我。"越王说："说得对。"就命令文种治理国家的内政。

越王回国后过了一年，召见范蠡问他说："我的父亲去世后，我做了国君，当时我年轻，没有常性，在外边一心打猎取乐，回到宫里便陶醉在酒色之中。我不为百姓着想，只想乘船坐车出去游逛。因此上天给越国降下灾祸，受到吴国的辖治。吴国人对我，也够狠了，我想请你和我一起想办法收拾它，可以吗？"范蠡回答说："不行。我听说，上天不玩弄机巧，不会随便帮助您，只好等待时机的好转。时机未到，勉强去索取成功，是不吉祥的。既得天时，而不抓紧把事情办成，就反而要受到灾殃。就会失去好品德、好名声，结果不是流亡逃走就是身死国灭。上天对各国有不同的态度，有的给予了又夺回去，有的给予，有的不给。君王不要过早地想得到吴国。那吴国，迟早是您的，假如您过早地想得到它，究竟能否成功可就不一定了。"越王说:"好。"

又过了一年,越王召见范蠡问他说:"我和你商量讨伐吴国,你说'不行'。现在吴王沉醉在酒色之中,不顾百姓的死活;他扰乱百姓的生产,违背天时;听信谗言,喜欢优伶,憎恶真心辅佐他的大臣,疏远纠正他过失的大臣。明达事理的智士隐遁不仕,忠臣都心灰意冷,群臣都对吴王曲意逢迎,没有人敢坚持己见,对吴王的行为加以否定。吴国君臣上下都苟且偷安,是否可以讨伐吴国?"范蠡说:"吴内部开始乱了,但上天的感应还不够,还没显示出要灭亡它的征兆。君王还要暂且等待。"越王说:"可以。"

又过了一年,越王召见范蠡,问他说:"我和你商量伐吴,你说'不行',现在申胥屡次劝谏吴王,吴王恼怒杀了他,是否可以伐吴了?"范蠡回答说:"反常的迹象虽已发生,但从天地的整体来看,吴国灭亡的征兆还不十分明显,如果这时就去征讨它,不但不能成功,反而会受到惩罚。君王还要暂且等待。"越王说:"可以。"

又过了一年,越王召见范蠡,问他说:"我和你商量伐吴,你说'不行',现在吴国发生了螃蟹吃光稻谷的天灾,是否可以伐吴呢?"范蠡回答说:"上天的感应到了,但它的内乱还没有达到顶点,君王还要暂且等待。"越王生气地说:"是道理本来就是这样,还是你在欺骗我呢?

我和您谈人事,您用天时应付我;现在上天的感应来了,你又用人事应付我。这是为什么呢?"范蠡回答说:"君王暂且不要见怪。那人事必然要和天、地三者相配合,然后才能成功。现在吴国新遇到饥荒之祸,民心十分恐慌,吴国的君臣上下,将同心合力,拼死支撑这个危局。目前我们去伐吴,还是有危险的。君王姑且到外面跑马射猎,但是不要过分入迷;在宫里也可以饮酒作乐,但是不要喝得烂醉;可以和大夫们纵情宴饮,但是不要忘了国家正常的事务。吴国在上之人看到越王没有伐吴之心,他们将越发不修德行而任意胡为,他们的民力被耗尽,使吴国人民产生怨恨并且忍饥挨饿,那时才能使吴王受到天地的严厉诛罚。您还要暂且等待。"

到了九月,越王召见范蠡,问他说:"谚语说:'觥饭不及壶飧。'今年已经快过完了,您要怎么做呢?"范蠡回答说:"即使君王不问我,我也要谒见您的。我听说善于抓紧时机的人,就好像去救火或追赶逃亡者一样,要快跑去追赶,还只怕追不上。"越王说:"对极了!"于是就起兵伐吴,进驻五湖。

吴国听到消息,出来挑战,挑战者一天往返五次。越王忍耐不住忿怒,打算答应马上交战。范蠡进谏越王说:"在朝廷上谋划好了的,在战场上要抛掉,那行吗?君王暂且不要答应作战。我听说:得到了时机,千万不可疏忽懈怠,时机不会再来;上天赐给的不接受,反而会招来灾难。如果不能沉着应付,贸然进军,在进退取舍之间,变化莫测,可能前功尽弃,将要后悔莫及。天道运行,经过一定时期就要更迭变化,只有既定的谋划不应该改变。"越王说:"同意你的主张。"便不答应和吴作战。

范蠡说:"我听说古来善于指挥军队的人,都根据金星的方位作为用兵的常法,金星赢时进兵吉退兵凶,金星缩时退兵吉进兵凶;还把四时的运行变化作为用兵的规律,不能违反天道的准则,到达一定的程度就要适可而止。天道极为明显,日月悬在空中就是常存的天象,应按日月的情况行事。日月盛满时,以它们为依据,可以进攻;日月亏损剥蚀时也可作为依据,就应该隐蔽。阳发展到极点就变为阴,阴发展到极点就变为阳;过了夜间太阳再从东方升起,月亮圆满后就开始亏缺。古来善于指挥作战的人,根据天地运转变化的规律,采取相应的行动。被动防守、后发制人时就用沉着隐蔽的阴,主动进攻、先发制人时就用轻急猛厉的阳;对逼近的敌人用柔顺的办法,故意让敌人看到自己的软弱,使他轻敌冒进,然后给他以严厉的打击;对远距离的敌人用刚烈的办法,使敌人不敢来犯,也可以振奋自己军队的士气。居被动地位也不宜过于退缩不前,以致士气不振,无法还手;居主动地位也不过于显露,以致被敌人窥破虚实。用兵之道，没有一成不变的定法。我方去攻打敌人的阵地遭到猛烈的抵抗，敌人顽强抵御的力量还没用尽，他们暂时还不会被消灭在郊野战场上，我们不容易战胜吴人。他们来和我们战斗，最好是坚守阵地，不和他们作战。假如要和他们作战，一定要趁他们遭受天灾时才可以。还要观察他们百姓的饥饱程度和劳逸情况加以参考。要把敌人强大的阳刚气势消耗净尽，同时积蓄自己阴柔的潜在力量，使它充盈丰满，再去攻打敌人。在为人客攻击对方时，就要刚强迅猛，表现雷霆万钧之势。进攻的一方兵力尚未耗尽时，看上去似乎容易取胜，但也不可贸然还击。在为人主采取守势时就要从容不迫，沉着稳固。防守的一方潜在力量尚未耗尽时，看上去似乎柔弱，但也不可随便进逼。用好布阵的方法，在右边布阵为牝，在左边为牡，配备充足，早晚都要小心防备，不能疏忽大意。要顺应自然规律，谨严周密，循环无穷，作到无懈可击。现在吴军来迎战，气势刚强而且迅速有力，君王暂且等待一下吧！"越王说："可以。"就不和吴军作战。

　　越王句践的军队围困吴国三年，吴军不战自败。吴王夫差带着左右亲信和他的大臣，登上姑苏台避难。派王孙雒去向越国求和，说："以前上天给吴国降下灾祸，在会稽对越王犯下罪过。现在君王正在报复我，我请求也依照越王退保会稽时的情况讲和。"越王于心不忍,想要答应吴人的要求。范蠡进见越王劝阻说:"我听说:圣王的建功立业,是善于利用时机的。得到了时机而不抓紧把事业完成,上天会反过来给以惩罚。天道循环往复,为期不远,不过五年,害人者就有遭到报应的可能。不到五年,反受其报,所遭的祸尚小;时间相距越远,所受的报复就越重,所遭的祸也越大。先人说:'伐柯者其则不远。'现在君王不果断,那不是忘了当年会稽的耻辱了吗?"越王说:"好。"便不答应吴国的求和。

吴国的使者回去后又来求和,言辞越发谦恭,礼节越发尊贵。越王又想答应吴的求和。范蠡劝谏越王说:"过去这些年是谁使我们忧劳国事早上朝、晚罢朝的,不是吴国吗?和我们争夺三江、五湖利益的,不是吴国吗?用十年工夫谋划,一个早晨就前功尽弃,那能行吗?君王暂且不要答应吴国,我们的目的很容易地就有实现的希望了。"越王说:"我打算不答应吴国,可是难以回答吴国的使者,你去答复他吧!"范蠡就左手提着鼓,右手拿着鼓槌来接待吴国的使者,说:"从前上天给越国降下灾祸,让吴国统治,可是吴国不接受。现在我们要一反此道改变你们过去不灭越的错误办法,灭亡吴国,来报过去的祸难。我们君王敢不听从上天的命令,而只听吴王的命令吗?"王孙雒说:"范先生!先人说过:'无助天为虐,助天为虐者不祥。'现在我们吴国螃蟹吃稻谷连种子都没剩下,您还要帮助上天给我们增加灾害,您不忌讳那是不吉祥的吗?"范蠡说:"王孙先生,我们最早的先君,本来是周王室不够格的子爵,我们越国人民过去一直就靠近东海岸边居住,和鼋鼍鱼鳖打交道,和各种蛙类一同住在水中的小岛上。我的面目生成人的形状是很惭愧的,实际上我还和禽兽一样,我又哪里懂得您这些巧辩的言辞呢?"王孙雒说:"范先生您要帮助天干坏事,一定是不吉祥的。我要求面见越王,把吴王的意见报告给他。"范蠡说:"我们君王已经把此事交给我这办事人员全权处理,您还是回去吧!可不要让办事的人得罪您。"

使者王孙雒回吴复命。范蠡也不向越王报告,擂鼓发兵跟随使者,一直进占姑苏宫,越国军民没有多少伤亡,便灭了吴国。

回到五湖,范蠡向越王告辞说:"希望君王今后自己勉励吧!我不再回越国了。"越王说:"我不懂你说的话是什么意思。"范蠡回答说:"我听说,当人臣的,国君有忧患,臣子就要尽力解除忧患,国君蒙受耻辱,臣子就要以死殉国。当年君王在会稽受到羞辱,我没有死,正是为了要灭吴雪耻。现在事情已经成功,我请求接受在会稽之辱中应得的惩处。"越王说:"如果今后你有过失而我不替你掩盖,你有功绩而我不予表扬,那我就不能死在自己的故国。你听我的话,我就和你平分越国;不听我的话,你自己不能活下去,妻子儿女也要被处死!"范蠡回答说:"我知道您的命令了。君王按照您的权力行事,臣我按照自己的意志去做。"于是就乘着小船飘向五湖,没有人知道他最后的下落。

越王命令工匠用青铜铸造范蠡像,在朝堂上供奉礼拜,并下令每隔十天大夫们要向范蠡像行礼。把会稽周围三百里给范蠡作封地,并宣布:"我后代的子孙,如果有谁敢侵占范蠡的封地的,就把他赶出越国,让他死在异国他乡!皇天后土和四方的土地之神都听到了我的誓言,可以作证。"

《古代文史名著选译丛书》编纂始末①

马樟根　安平秋

今年1月,《古代文史名著选译丛书》已经出到100种101册(其中《史记》为2册)。4月份,最后的33种也已交稿。这样,全书133种即将呈献在读者面前。② 一项服务当前、造福子孙的普及优秀古代文化、进行爱国教育的大工程将宣告完工了。回想

---

① 《古代文史名著选译丛书》由全国高校古籍整理研究工作委员会主持,古委会直接联系的18个古籍整理研究所为主要承担机构,章培恒、安平秋、马樟根任主编。本文于1992年4月,在《中国典籍与文化》杂志发表时题目是《衣带渐宽终不悔——〈古代文史名著选译丛书〉编纂始末》。这次将此文作为2011年修订版附录时,去掉原正标题,以原副标题为正式题目。　② 至1994年4月最后定稿时,全书为135部。2011年修订版出版时,全书为134部。

这一套丛书动员18所院校,投入100余人,从1985年筹划,1986年起步,到今天已度过了六七年的岁月,个中甘辛令人难以忘怀。

一、北大·苏州·北大
——酝酿与筹划

编纂这样一套丛书,起因于1981年7月。当时陈云同志派人到北京大学召开了小型座谈会。来人告诉与会人员陈云同志最近在考虑两个问题:一个是粮食,一个是古籍整理。对古籍整理,特别讲到陈云同志说:"整理古籍,为了让更多的人看得懂,仅作标点、注释、校勘、训诂还不够,要有今译,争取做到能读报纸的人多数都能看懂。有了今译,年轻人看得懂,觉得有意思,才会有兴趣去阅读。今译要经过选择,要列出一个精选的古籍今译的目录,不要贪多。"这就是后来收入《陈云文选》的那段话。1981年9月,中共中央关于整理我国古籍的文件中一字不差地强调了这段话。1983年,教育部成立了全国高校古籍整理研究工作委员会(简称古委会)。古委会主任周林同志根据中央和陈云同志意见,提出了组织力量今译古籍。但在当时,经过"文革"后的古籍整理工作百废待兴,加之一些学者对今译重要性的认识远非今日之深,这一工作一拖便是两年。

1985年5月,全国高校古委会在苏州召开了一届二次会议。周林同志在会上作了"人才培养和古代文化遗产普及问题"的专题发言,他分析了"解放三十多年来,由于'左'的路线干扰,特别是'文化大革命',几乎使我们的民族文化到了中断的边缘,出现了对古代文化知之不多,或知之甚少的状况",要教育界的同志"做好普及古代文化知识的工作",搞好古籍的今注今译就是其中的一项重要任务,"高校古委会要在这方面多下功夫","高校古籍研究所无疑应担负起这个任务"。他针对当时一些人轻视古籍的今注今译思想,呼吁"我们对于选本、今译等有利于教育普及的东西,应承认它的学术价值","《昭明文选》、《唐诗三百首》、《古文观止》等是地道的选本,流传几百年,发生那么大的影响,能说没有水平?""专家们深入浅出的在对古文献研究基础上的译注,对普及古代优秀文化作出重大贡献,算不算高水平的成果呢?""古文既要译得恰当、准确,又要通畅易懂,难度是很大的","为了社会主义精神文明建设,古籍整理这方面也要作出应有的贡献"。一石激浪,沉寂了几年的今译古籍的话题又重新活跃起来。会上作了一番认真讨论。

经过这样的酝酿,1985年7月,全国高校古委会科研项目评审组的专家们聚集在北京大学勺园,筹划编纂一套古籍今译的精选本。初步定名为《古籍今译丛书》,议定了收书范围、内容,开列了65种书的选目。并决定由科研项目专家评审组召集人、复旦大学古籍所所长章培恒教授和参加过陈云同志在北大召开座谈会、当时古委会主管科研工作的副秘书长安平秋同志共同负责,与秘书处同志一起具体筹划。经几个月的筹备,决定由古委会直接联系的18个高校古籍研究所承担这一工作,组成编委会,并开列出89种书的选目,对选译的进度、规划亦作了设计。此时,几家出版社闻讯而至,表示愿意出版这套丛书。最早与我们联系的巴蜀书社的段文桂社长以其强烈的事业心和对古籍今译的高度重视感动了我们,于是决定邀请巴蜀书社编辑参加第一次编委会议。

二、从柳浪闻莺到桂子山上

——第一批书稿的产生

第一次编委会于1986年5月在杭州柳莺宾馆

召开。宾馆因位于西湖十景之一的柳浪闻莺而得名。全国高校18个研究所的24名学者和有关人员聚集在这风景胜地，无心观柳，亦无从闻莺，紧张地工作了三天。会上确定了这套普及读物的读者对象是具有中等以上文化程度的广大群众，收书范围是中国历代文史名著，在名著之中选精。所选书目，在原拟89种基础上，调整为116种，以形成系统性。书中选篇之下分提示、原文、今译、注释四部分，以译文为主，书前有一前言，书中加入必要的插图。每一种书约10—15万字。书名确定为《古代文史名著选译丛书》。即由到会的24位学者组成丛书编委会①，由章培恒、马樟根、安平秋三人任主编。于是，编委会立即分成三个工作小组，在会上分头拟出丛书《凡例》、《编写、审稿要求》和《文稿书写格式》，经讨论修改而形成了正式文字以供遵循。在

---

① 编委会成员按姓氏笔划排列为：
马樟根　平慧善　安平秋　刘烈茂　许嘉璐　李国祥
金开诚　周勋初　宗福邦　段文桂　董治安　倪其心
黄永年　章培恒　曾枣庄（以上为常务编委）
王达津　吕绍纲　刘仁清　刘乾先　李运益　杨金鼎
曹亦冰　常绍温　裴汝诚（以上为编委）

自报的前提下,会上确定了由 18 个研究所承担前 40 部书的今译任务,要求当年年底完成。古委会主任、丛书顾问周林同志对编委会的认真精神、紧张工作和显著效率十分赞赏,他说:"有这样一个编委会,有这样一个阵容来做选译,使中国历史文化不成为专属于少数人的知识,使能看报纸的人都读懂自己民族的名著,从而树立爱国主义、建设有民族特色的精神文明,其意义之深远将会在今后愈益显露出来。"于是,有 1000 余万字的大工程便从这里开始了。

当年年底各研究所的今译书稿经作者完成后,由在该所的编委审改,到 1987 年 5 月和 7 月,先后在复旦大学、北京大学两次召开编委审稿会。这种审稿会,说是审稿,实际上是边审边改,字斟句酌,每部书稿必须经一位编委、一位常务编委审改把关,经过这样两道工序,汇总到主编手中,40 部书稿通过了 25 部。其中部分书稿赶印了样稿征求意见。于是周林同志于 7 月 6 日在北大临湖轩邀请了在京十几位专家与正在审稿的编委一起研究样稿,探讨如何提高这套今译丛书的质量。

根据编委审稿发现的问题和在京专家们的意

见,丛书亟需在已定体例的框架中条列细则;而出版单位巴蜀书社又希望所出版的第一批书为50种以便形成格局,需要布置各研究所承担新的今译任务。这样,1987年10月在华中师范大学再次召开了编委会,又请了詹锳、周振甫、刘乃和、郭预衡等先生到会指导。

  这次编委会是在审看了40部书稿后,发现了一大批问题亟待解决,又是在需要布置下一步任务的状况下召开的,是一次承上启下的编委会。会议初期人们的心情和会上的气氛都带有一股子严峻与急切。会议从5日到8日开了三天半。但是在4日晚上开预备会的时候,主编章培恒先生尚未到会,亦无他是否已从上海出发的信息。5日上午就要开会了,主编不到怎么行呢?5日一早,我们还在沉睡之中,忽听有人敲门,进来的竟是章培恒!一向风神儒雅、衣装考究的章培恒先生,此时却是一身尘灰、满脸疲惫地站在我们面前。原来他从上海出发前,未能买到机票或船票,而上海到武汉又没有直达火车,只好先从上海坐火车到长沙,为了不误5日上午开会,他只好买了一张无座票,夜间从长沙出发一直站到武昌。一向走路辨不清方向的章培恒竟然在夜色未退之前一人从车站摸到了华中师大专家楼,也算是奇迹。

这次编委会,从体例的具体要求、书中选篇是否合适、每篇中的提示如何写、注释的繁简和语言的通俗性,到今译的信达雅如何把握,例如李白的"床前明月光,疑是地上霜,举头望明月,低头思故乡"这样通俗的诗是否要翻译,在在都有热烈的争论。感谢编委们的努力和学术判断力,最后终于形成了一个《细则》,一切争论都统一在这个《细则》之上。编委们在思想明确、分得新的任务之后,显出了少有的轻松与喜悦。会议结束正逢中秋节,华中师大的专家楼坐落在武昌桂子山上。入夜,桂子山上举行了赏月茶会,几张方桌,围坐着全体编委和特邀到会专家。天上明月如盘,清辉洒地,眼前桂树葱茏,桂花飘香,华中师大古籍研究所的青年们活跃席间,引得王达津先生即席赋诗,刘乃和先生清唱京戏。这气氛预示着《古代文史名著选译丛书》克服了当前的困难,第一批50种书稿有如母腹中的胎儿,快要降生了。

三、华清池畔的愁云与人民大会堂的欢欣
——第一批书出版的柳暗花明

1988年10月,编委们再一次聚会,审定第一批

50种中的最后十几部书稿、修改第二批50种中的大量书稿。这次审稿是在"东枕华山、西拒咸阳"的骊山脚下、华清池滨的一家招待所。这里古朴而不豪华,食宿低廉却又实惠,审稿之余,左近有风景可观,有古迹可寻,房内有43℃的温汤沐浴,编委们平日在校教学、科研工作劳累而生活清苦,如今有这样的环境与条件,感到少有的惬意。我们作为主编觉得这也是对编委们两年来辛勤编书的一点补偿。但这种适意之感很快就被两件事所驱散。一件事是书稿的质量。几十部书稿交来,一经审看,从注译到体例完全合格的只有寥寥可数的三四部,余下的,或需小改,或需大改,或根本不合格需退回重作。另一件事是出版发行成了问题。到会的巴蜀书社副社长黄葵同志向大家通报了即将印出的16本书征订情况,最多的为2000册,且只有一种,其他的只有800册、600册,甚至还有200余册。征订不佳,销路不畅,出书要赔钱,出版社为难,编委们又无计可施。此时哪还有心思去观赏"骊山云树郁苍苍,历尽周秦与汉唐"?也无心绪登上骊山,在烽火台前怀古。且正值"楼台八月凉"的节令,只有华清池畔秋雨飘零,秋风瑟瑟,落叶满地,不禁愁从中来。

愁则愁，还得面对现实。书稿质量不高，靠到会近20位编委十余天的逐字逐句修改，终于改定合格17部。至于出版发行问题，巴蜀书社的朋友费心经营，重新设计了封面，改进装帧，将第一批50种装成一个大礼品盒，成盒出售。从中又得到了国家新闻出版署、四川省出版局、国家教委有关司局和各省市教委的大力支持与帮助，发行面得以扩大，到了1990年下半年，首印的17000套书销售已尽，而问讯、索购者不绝，出版社决定再印30000套以供读者需要。中央领导了解到这套丛书受到读者欢迎，欣然为丛书题辞，江泽民总书记的题辞是"做好我国古代文史名著的传播普及工作，使其古为今用，以发扬爱国主义精神"，李鹏总理的题辞是"弘扬民族优秀文化，激励爱国主义精神"。李瑞环同志也为丛书题了辞。

1990年8月22日在北京人民大会堂召开了《古代文史名著选译丛书》出版座谈会。国家领导人李铁映、胡乔木、李德生、陈丕显、廖汉生、王汉斌、王光英出席，古委会主任周林同志主持会议，到会各阶层代表在发言中从不同角度肯定了这套书对促进青少年了解历史、了解国情、了解中华民族优秀传统文化、进行爱国主义教育的作用。时值盛夏,却逢喜雨,洗却了编委和出版社同志心中的忧虑,参加大会堂座谈会的13名常务编委会后又聚集在北京大学讨论深入认识编纂这套丛书的重大意义,研究审改好第二批书稿的具体措施。

四、从舜耕山庄耕作到乐山脚下
——第二批书稿审定之艰辛

　　第二批书稿50种50册,是1987年10月布置的。1988年10月在西安审改合格的17部书稿都已放入第一批中以替换原已通过的第一批中质量较差的书稿。这样,第二批书稿当时余下的已完成的有20余部,却都不合格,只能要求译注者和编委再行修改。一年之后,编委会汇总来重新改好和新译注交来的第二批书稿44部,1989年10月于济南千佛山下的舜耕山庄召开了常务编委审稿会。

　　这次审稿,发现的问题较多。有的选目不当,如有的史书重要人物的传不选却选入无关紧要而又无学习价值的人物传,有的名家的文章名篇不选却选入既无文学价值又无借鉴意义的篇章。有的选译所依据的底本不当,舍弃现有的精校本却用校勘不善的本子。有的虽有根据地改动正文却只在注释中说"原作……据别本改",而不指明据何本改。有的注释过繁,不利于一般读者阅读;有的注释极简,该注释的地方不注,使广大读者看了译文仍无法理解全文的精妙;而更多的是注释不准确,对一字一词增字为训而歪曲了原意的毛病也较普遍。译文问题更多,有的语义不清,佶屈聱牙,把"三顾频烦天下计,两朝开济老臣心"译为"三顾茅庐频烦为天下大计,两朝事业开济尽老臣忠心",有的为追求通俗生动把"君何往"中的"君"译为"老兄"。每篇的提示,有的写得很长变成了文章赏析,有的虽短却不中肯綮,用了类似"文革"期间的语言扣几顶大帽子了事。看这样的稿子都觉头痛,改这样的稿子更感艰难。审稿历时12天,参加审稿、当时63岁的黄永年先生向我们诉苦:"头发掉了一把!"有的编委说,千佛山古称历山,传说舜在这里开垦耕耘,十分艰辛,我们住在舜耕山庄,预示着我们为这套丛书垦荒笔耕,也要历尽千辛。这次审稿,经过审改之后,有10部书稿合格,有11部需会后再作小的修改方能通过,余下的均需作大的改动或另请人译注。

这次审稿还研究了所选戏曲部分的曲辞如何今译问题,如规定了念白中出现的诗句只注不译,上、下场诗只注不译,注而不译的文字在译文中应予保留以便参读。

到1990年12月,丛书常务编委在广州研究丛书如何体现批判继承精神、如何提高第二批书稿质量时,又有18部书稿完成交来。为了保证书稿质量,使1991年上半年召开的常务编委审稿会得以顺利进行,我们三个主编从广州匆匆赶到北京,用了一周时间审看了这18部书稿,通过了7部,11部退改。当我们看完最后一部书稿碰头研究时,已是12月31日。在1990年一年内,我们仅仅通过了这7部书稿。加上1989年在舜耕山庄通过的10部,也仅有17部,尚差33部方足第二批的50部。

1991年5月,常务编委来到古称嘉州的乐山市,在乐山山腰的八仙洞宾馆继续审改第二批书稿。改稿时间只有十天,要力争将50部推出,其繁重可知。我们在改稿过程中,不禁想到明万历年间嘉州知州袁子让的诗句"登临始觉浮生苦",想到这套丛书从起步到这次审改已历时5年,当初怎么也没有想到完成这套丛书会是如此的艰辛,真是登临始觉笔耕苦啊!

这次乐山审稿,通过了13部书稿。好在余下的20部书稿只须小改即可在会后交稿,终于在1991年8月将这20部书稿全部改定交巴蜀书社。第二批50部历时近四年终于定稿了。

五、在金陵古都作光辉的一结
——第三批书稿的完成

1990年12月据出版社的要求,这套丛书出齐当为150种,到乐山会上又修正为110种至125种,最后数字的确定根据最后一次审稿结果而定,合格的即入选,不合格的不再修改选入。根据这一共识,今年4月中旬,我们一部分常务编委聚集到六朝古都南京,从已经交来的35部书稿中选择经小改合格的书稿。经过十一天的劳作,选择、改定33部,由到会的常务编委、巴蜀书社的段文桂总编和编委、巴蜀书社的刘仁清副编审带回成都,将经由他们的继续辛苦而使《古代文史名著选译丛书》以133部、1500万字之数呈献给热爱中华文化的读者。

这套丛书从1986年5月起步,历时整整六年,平日繁细工作不计,仅编委大小审稿会就开了12次之多。丛书的发起人、顾问、古委会主任周林同志先后参加了8次审稿会,每次都自始至终和大家在一起,听取审稿情况,了解遇到的问题;当我们遇到困难的时候他为我们鼓劲,当我们感到欣喜的时候他提醒我们不可大意。这次他又和我们一起来到虎踞龙蟠的石头城下,为我们督阵,看我们能否为这套丛书作出光辉的一结。

此时此刻,我们与这次会议的东道主、丛书常务编委、南京大学的周勋初先生漫步在中山陵旁,想到今译丛书已基本完成,自然感到如释重负,但理智却使我们不敢轻松,我们期待着全书133部出齐之后专家、读者的评头品足。

1992年4月26日

(原载《中国典籍与文化》1992年第1期)

古代文史名著选译丛书(修订版)总目

丛书主编:章培恒　安平秋　马樟根

书　名	译注者		审阅者		定价/元
老子注译	张玉春	金国泰	安平秋		16.00
庄子选译	马美信		章培恒		18.00
荀子选译	雪　克	王云路	董治安	许嘉璐	19.00
申鉴中论选译	张　涛	傅根清	董治安		18.00
颜氏家训选译	黄永年		许嘉璐		15.00
论语注译	孙钦善		宗福邦		28.00
孟子选译	刘聿鑫	刘晓东	黄　葵		20.00
墨子选译	刘继华		董治安		14.00
韩非子选译	刘乾先	张在义	黄　葵		19.00
新序说苑选译	曹亦冰		倪其心		25.00
论衡选译	黄中业	陈恩林	许嘉璐		22.00
管子选译	缪文远	缪　伟	董治安		18.00
列子选译	王丽萍		周勋初	倪其心	19.00
韩诗外传选译	杜泽逊	庄大钧	董治安		24.00
盐铁论选译	孙香兰	刘光胜	黄永年		13.00
诗经选译	程俊英	蒋见元	刘仁清		19.00
楚辞选译	徐建华	金舒年	金开诚		15.00
贾谊文选译	徐　超	王洲明	安平秋		17.00
司马相如文选译	费振刚	仇仲谦	安平秋		11.00
文心雕龙选译	周振甫		黄永年		17.00
庾信诗文选译	许逸民		安平秋		18.00

书　名	译注者		审阅者		定价/元
嵇康诗文选译	武秀成		倪其心		18.00
谢灵运鲍照诗选译	刘心明		周勋初		18.00
陈子昂诗文选译	王　岚		周勋初	倪其心	14.00
李白诗选译	詹　锳	等	章培恒		22.00
高适岑参诗选译	谢楚发		黄永年		23.00
元稹白居易诗选译	吴大逵	马秀娟	宗福邦		21.00
柳宗元诗文选译	王松龄	杨立扬	周勋初		18.00
李贺诗选译	冯浩菲	徐传武	刘仁清		20.00
杜牧诗文选译	吴　鸥		黄永年		14.00
李商隐诗选译	陈永正		倪其心		19.00
唐五代词选译	亦　冬		董治安		16.00
唐文粹选译	张宏生		周勋初		18.00
晚唐小品文选译	顾歆艺		平慧善		15.00
黄庭坚诗文选译	朱安群	等	倪其心		18.00
辛弃疾词选译	杨　忠		刘烈茂		24.00
元好问诗选译	郑力民		宗福邦		20.00
宋四家词选译	王晓波		倪其心		16.00
黄宗羲诗文选译	平慧善	卢敦基	马樟根		15.00
吴伟业诗选译	黄永年	马雪芹	安平秋		20.00
方苞姚鼐文选译	杨荣祥		安平秋		20.00
明代散文选译	田南池		马樟根		22.00
顾炎武诗文选译	李永祜	郭成韬	刘烈茂		23.00
张衡诗文选译	张在义 张玉春 韩格平		刘仁清		16.00
汉诗选译	张永鑫	刘桂秋	金开诚		19.00

书 名	译注者		审阅者		定价/元
阮籍诗文选译	倪其心		刘仁清		15.00
三曹诗选译	殷义祥		刘仁清		22.00
诸葛亮文选译	袁钟仁		董治安		16.00
陶渊明诗文选译	谢先俊	王勋敏	平慧善		16.00
杜甫诗选译	倪其心	吴 鸥	黄永年		17.00
王维诗选译	邓安生	等	倪其心		20.00
刘禹锡诗文选译	梁守中		倪其心		20.00
孟浩然诗选译	邓安生	孙佩君	马樟根		18.00
韩愈诗文选译	黄永年		李国祥		20.00
欧阳修诗文选译	林冠群	周济夫	曾枣庄		20.00
曾巩诗文选译	祝尚书		曾枣庄		19.00
苏轼诗文选译	曾枣庄	曾 弢	章培恒		23.00
李清照诗文词选译	平慧善		马樟根		15.00
陆游诗词选译	张永鑫	刘桂秋	黄 葵		24.00
朱熹诗文选译	黄 坤		曾枣庄		20.00
文天祥诗文选译	邓碧清		曾枣庄		20.00
袁枚诗文选译	李灵年	李泽平	倪其心		20.00
王安石诗文选译	马秀娟		刘烈茂	宗福邦	18.00
二程文选译	郭 齐		曾枣庄		25.00
范成大杨万里诗词选译	朱德才	杨 燕	董治安		26.00
萨都剌诗词选译	龙德寿		曾枣庄		28.00
王阳明诗文选译	吴 格		章培恒		18.00
徐渭诗文选译	傅 杰		许嘉璐	刘仁清	17.00
李贽文选译	陈蔚松	顾志华	李国祥	曾枣庄	17.00

书　名	译注者		审阅者	定价/元
三袁诗文选译	任巧珍		董治安	17.00
王士禛诗选译	王小舒	陈广澧	黄永年	13.00
龚自珍诗文选译	朱邦蔚	关道雄	周勋初	13.00
尚书选译	李国祥 谢贵安	刘韶军 庞子朝	宗福邦	14.00
礼记选译	朱正义	林开甲	宗福邦	22.00
左传选译	陈世铙		董治安	22.00
国语选译	高振铎	刘乾先	黄葵	22.00
战国策选译	任　重	霍旭东	李国祥	21.00
吕氏春秋选译	刘文忠		董治安	17.00
吴越春秋选译	郁　默		倪其心	19.00
史记选译	李国祥 张三夕	李长弓	安平秋	29.00
汉书选译	张世俊	任巧珍	李国祥	22.00
后汉书选译	李国祥 彭益林	杨　昶	许嘉璐	24.00
三国志选译	刘　琳		黄葵	18.00
晋书选译	杜宝元		许嘉璐	15.00
宋书选译	漆泽邦	孔　毅	李国祥	19.00
南齐书选译	徐克谦		周勋初	18.00
北齐书选译	黄永年		安平秋	16.00
梁书选译	于　白		周勋初	17.00
陈书选译	赵　益		周勋初	17.00
南史选译	漆泽邦		安平秋	22.00
北史选译	刁忠民		段文桂	20.00

书　名	译注者		审阅者		定价/元
周书选译	黄永年		安平秋		15.00
魏书选译	杨世文	郑　晔	周勋初		22.00
隋书选译	武秀成	赵　益	周勋初		20.00
新唐书选译	雷巧玲	李成甲	黄永年		16.00
旧唐书选译	黄永年		章培恒		16.00
新五代史选译	李国祥 姚伟钧	王玉德	周勋初		18.00
旧五代史选译	贾二强		黄永年		17.00
宋史选译	淮　沛	汤　墨	曾枣庄		20.00
辽史选译	郭　齐	吴洪泽	曾枣庄		21.00
金史选译	杨世文 李文泽	祝尚书 王晓波	曾枣庄		21.00
元史选译	樊善国	徐　梓	马樟根		25.00
明史选译	杨　昶		李国祥		20.00
清史稿选译	黄　毅		章培恒		22.00
贞观政要选译	裴汝诚	王义耀	黄永年		18.00
史通选译	侯昌吉	钱安琪	周勋初		16.00
资治通鉴选译	李　庆		黄永年		16.00
续资治通鉴选译	徐光烈		安平秋		24.00
通鉴纪事本末选译	谈蓓芳		章培恒		21.00
洛阳伽蓝记选译	韩结根		章培恒		22.00
梦溪笔谈选译	李文泽		曾枣庄		20.00
徐霞客游记选译	周晓薇	等	黄永年	马樟根	17.00
宋代笔记小说选译	朱瑞熙	程君健	金开诚等		19.00
关汉卿杂剧选译	黄仕忠		刘烈茂		24.00

书 名	译注者		审阅者		定价/元
明代文言短篇小说选译	黄 敏		章培恒		23.00
六朝志怪小说选译	肖海波	罗少卿	刘仁清		21.00
世说新语选译	柳士镇	钱南秀	周勋初		23.00
水经注选译	赵望秦 张艳云	段塔丽	许嘉璐		19.00
唐人传奇选译	周 晨		曾枣庄		24.00
唐五代笔记小说选译	严 杰		周勋初		21.00
大慈恩寺三藏法师传选译	贾二强		黄永年		18.00
宋代传奇选译	姚 松		周勋初		22.00
聊斋志异选译	刘烈茂 欧阳世昌		章培恒		22.00
阅微草堂笔记选译	黄国声		安平秋		16.00
清代文言小说选译	王火青		周勋初		23.00
历代名画记图画见闻志选译	周晓薇	赵望秦	黄永年		17.00
容斋随笔选译	罗积勇		宗福邦		20.00
唐才子传选译	张 萍	陆三强	黄永年		24.00
西厢记选译	王立言		董治安		20.00
元代散曲选译	彭久安		刘烈茂	金开诚	21.00
日知录选译	张艳云	段塔丽	黄永年		22.00
桃花扇选译	张文澍		章培恒	段文桂	15.00
牡丹亭选译	卓连营		章培恒		14.00
长生殿选译	戚海燕		董治安		20.00